DEUTSCHLAND

Texte: Friederike Bieber (S. 50–53; 56–60), Sebastian Brauns (S. 34–46), Anika Kreller (S. 13–25; 29–33; 54–55), Christa Roth (S. 136–155), Sebastian Schneider (S. 158–175), Christine Stahr (S. 64–132)
Illustrationen, Gestaltung, Satz von Cover und Innenseiten: Wendy Panders
Konzept und Lektorat: Cordula Thörner (Leitung), Karin Bischoff, Christine Stahr
Herstellung: Frederik Rettberg
ISBN 978-3-551-25034-6

www.carlsen.de

DEUTSCHLAND

ALLES, WAS DU WISSEN WILLST

Geschrieben von Friederike Bieber, Sebastian Brauns, Anika Kreller, Christa Roth, Sebastian Schneider und Christine Stahr

Illustriert und gestaltet von Wendy Panders

CARLSEN

DEUTSCHLAND
Flensburg
Kiel
SCHLESWIG-HOLSTEIN
Rostock
MECKLENBURG-VORPOMMERN
Bremerhaven
HAMBURG
Schwerin
Emden
BREMEN
NIEDERSACHSEN
BERLIN
SACHSEN-ANHALT
Wolfsburg
Potsdam
Hannover
BRANDENBURG
Münster
Magdeburg
Dessau
Dortmund
Essen
Duisburg
NORDRHEIN-WESTFALEN
Halle
Leipzig
SACHSEN
Düsseldorf
Kassel
Eisenach
Dresden
Köln
Aachen
Erfurt
Weimar
Bonn
HESSEN
THÜRINGEN
Fulda
Koblenz
Wiesbaden
RHEINLAND-PFALZ
Frankfurt
Mainz
Trier
Würzburg
Erlangen
SAARLAND
Kaiserslautern
Nürnberg
Saarbrücken
Karlsruhe
Regensburg
Stuttgart
BAYERN
BADEN-WÜRTTEMBERG
Augsburg
Freiburg
Munchen
Friedrichshafen
Garmisch-Partenkirchen
FISCH

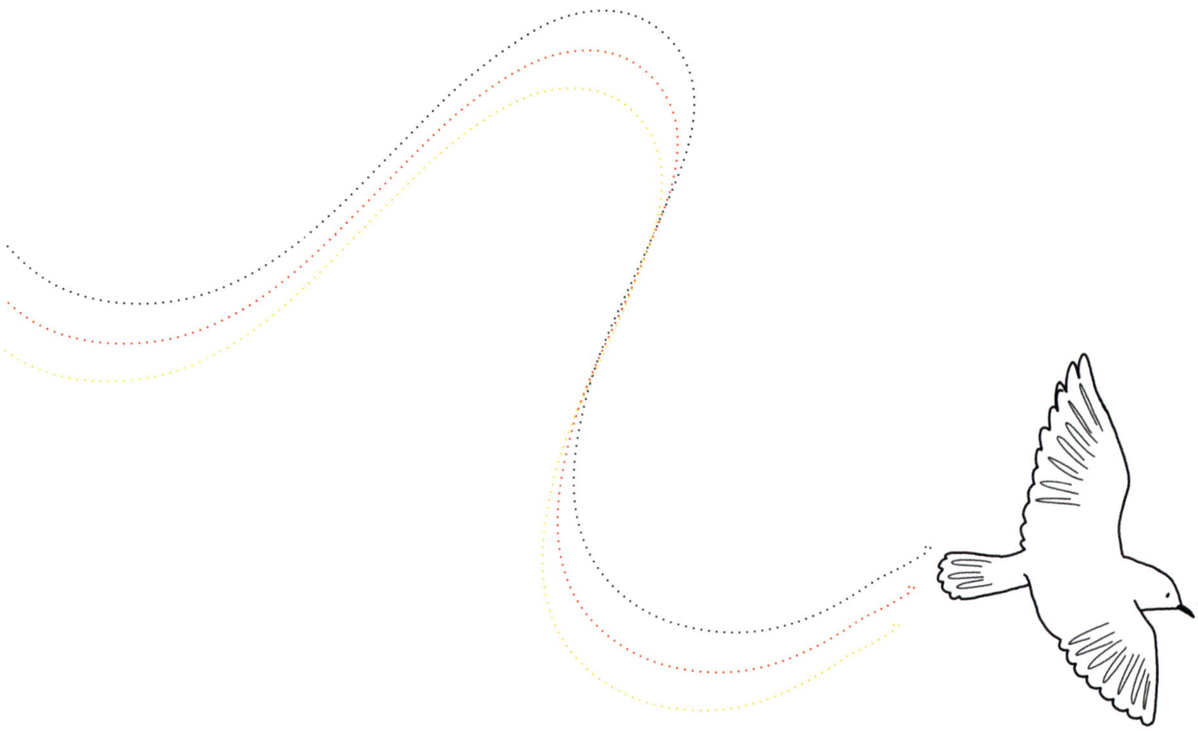

INHALT

1 NATUR & UMWELT

2 MENSCHEN

3 ORGANISATION

4 BUNDESLÄNDER

5 KUNST & KULTUR

6 GESCHICHTE

Wo liegt die Hohe Acht?

In der Eifel

Was ist eine Regenbogenfamilie?

Wenn Kinder mit zwei Müttern oder zwei Vätern leben

Gibt es eine Kaffeetasse mit Fell?

Ja, von der Künstlerin Meret Oppenheim

Was ist der Unterschied zwischen einer Schrippe und einem Weckle?

Beides sind Brötchen, sie werden in verschiedenen Regionen nur unterschiedlich genannt.

Welches ist das größte heimische Tier?

Wisent

Warum stand eine Mauer in Berlin?

Deutschland war 41 Jahre lang ein geteiltes Land und Berlin eine geteilte Stadt.

Wer ist Waltraut vom Mühlwald?

Der höchste Baum Deutschlands (eine Douglasie)

Was ist ein Rübenpalast?

Manche Bauern wurden im 19. Jahrhundert durch den Verkauf von Zuckerrüben sehr reich. Ihre großen Wohnhäuser wurden „Rübenpaläste" genannt.

Welchen Beruf hatte Johann Sebastian Bach?

Komponist

Wo wurden alte Zaubersprüche gefunden?

In der Dombibliothek in Merseburg

Wie viele Deutsche spielen gern Fußball?

Ungefähr 6,5 Millionen

Wie lautet Artikel 5 des Grundgesetzes?

Jeder hat das Recht, seine Meinung frei zu äußern.

Welches Wappentier hat Niedersachsen?

Pferd

Was ist der Gurken-Radweg?

Ein langer Rundweg durch den Spreewald

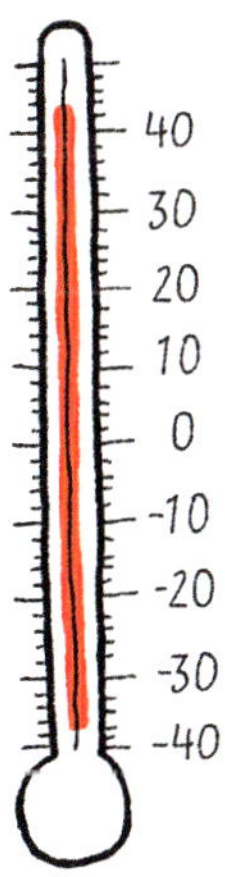

Wann und wo wurde die höchste Temperatur in Deutschland gemessen?

2015 waren es in Kitzingen (Bayern) bis zu 40,3 °C.

Wie heißt der Ort, an dem Wikinger jahrhundertelang mit Waren handelten?

Haithabu (in Schleswig-Holstein)

An welchem Fluss sitzt die Loreley?

Am Rhein

1

NATUR & UMWELT

die MECKLENBURGISCHE SEENPLATTE
die LÜNEBURGER HEIDE
der HARZ
die EIFEL
das ELBSANDSTEINGEBIRGE
Nord Süd?
der SCHWARZWALD
der BAYERISCHE WALD

VIELE SCHÖNE LANDSCHAFTEN

Wie groß ist Deutschland? Na, so mittel: 62 Länder der Welt (es gibt so ungefähr 193) sind größer. 48-mal passt es in Russland, das größte Land der Erde. Trotzdem ist Deutschland ziemlich abwechslungsreich. Reisen wir von Kiel im Norden bis nach München im Süden, durchqueren wir vier Großlandschaften.

DAS NORDDEUTSCHE TIEFLAND

Das Tiefland reicht von den Küsten bis zur Mitte Deutschlands. Kein Berg ragt hier über 200 Meter in die Höhe – da ist sogar der Berliner Fernsehturm höher. Deutschland grenzt im Norden an zwei Meere: die Nordsee und die Ostsee. Die Nordseeküste ist von Ebbe und Flut geprägt. Zwei Mal am Tag zieht sich das Wasser zurück und wer möchte, kann durchs matschige Watt wandern – das ist der dann freiliegende Meeresboden. Typisch für die Ostseeküste sind Förden, also schmale Meeresbuchten, und Bodden (Gewässer mit nur einer kleinen Öffnung zum Meer). Die Landschaft hinter den Küsten entstand im Laufe von vielen Millionen Jahren während mehrerer Kaltzeiten: Mächtige Gletscher schoben sich über das Land und formten dabei Hügel und Täler. Heute findet man im Osten viele Seen, im Westen Moore und Heide. Weiter südlich wird die Landschaft hügeliger und besonders fruchtbar.

DIE MITTELGEBIRGE

In der Mitte Deutschlands reiht sich ein Gebirge an das andere: Erzgebirge, Bayerischer Wald, Harz, Taunus, Eifel, Hunsrück, Schwäbische Alb und noch viele mehr. Dazwischen liegen weite Landschaften, die Becken genannt werden, weil sie so flach sind.
Die Berge hier sind viel niedriger als in den Alpen. Der Feldberg, der höchste Berg im Mittelgebirge, ist mit seinen 1493 Metern nur etwa halb so hoch wie Deutschlands höchster Berg, die Zugspitze. Entstanden sind die Mittelgebirge vor mehr als 350 Millionen Jahren – da gab es noch nicht einmal Dinosaurier. Damals waren die Berge Teil eines einzigen riesigen Gebirges. Durch den Druck von Erdplatten, die gegeneinandergestoßen sind, ist es in viele einzelne Stücke zerbrochen. Wind und Wasser schliffen die Gipfel der Mittelgebirge im Laufe der Zeit ab.

die ZUGSPITZE

DAS ALPENVORLAND

Zwischen den Mittelgebirgen und den Alpen liegt das Alpenvorland. Ursprünglich war es eine breite Mulde. Im Laufe der Zeit spülten die Flüsse so viel Schutt aus den Alpen hinein, dass das Alpenvorland aufgefüllt wurde. Während der Kaltzeiten formten dann Gletscher die Landschaft (also so ähnlich wie beim Norddeutschen Tiefland). Die Eismassen schürften Becken aus, in denen sich später das Schmelzwasser der Gletscher sammelte. So entstanden der Chiemsee und viele andere der heutigen Seen in dieser Region. Außerdem schob das Eis Schotter vor sich her, türmte ihn auf und das Alpenvorland wurde hügelig.

DIE ALPEN

Kannst du dir das vorstellen? Früher waren die Berge der Alpen einmal ein Meeresboden, nämlich der Boden des Urmeers Thetys. Vor etwa 80 Millionen Jahren aber stießen zwei mächtige Erdplatten gegeneinander. Der Aufprall faltete die Erde zwischen ihnen zusammen und presste den Meeresboden nach oben. Wind, Wetter und die Kaltzeiten formten anschließend die heutigen Alpen mit ihren schroffen Felswänden und tiefen Tälern. Der höchste Berg der Alpen ist der Mont Blanc (4810 m).

Vulkane in Deutschland?

Die gibt es! Vor allem in der Eifel und in der Rhön. Sie sind allerdings längst erloschen.

VON ALLEM ETWAS: DAS WETTER

Sonne, Regen, Hagel, Schnee – in den vier Jahreszeiten hat alles seinen Platz. So heiß wie in der Sahara oder so kalt wie am Nordpol wird es aber nie. Man spricht darum von einem gemäßigten Klima. Die jährliche Durchschnittstemperatur in Deutschland liegt bei ungefähr 9 Grad Celsius. Ohne den Golfstrom wäre es aber viel kälter: Diese Meeresströmung transportiert warmes Wasser von Amerika nach Europa und sorgt so für milderes Klima. Innerhalb Deutschlands kann sich das Wetter je nach Region unterscheiden. In Gebirgen ist es durch die Höhe meist kühler. An der Nordseeküste herrscht auch im Sommer oft raues Wetter, es ist windig und das Wasser hat eine kühlende Wirkung. Das mildeste Klima hat der Oberrheingraben im Südwesten von Deutschland, die meisten Sonnenstunden mal die Ostseeinsel Rügen, mal das benachbarte Usedom.

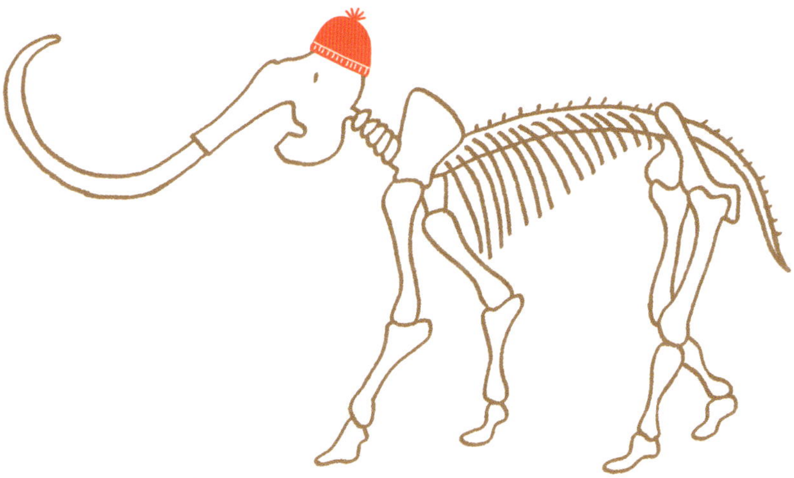

KALTE ZEITEN

Wir leben in einer recht gemütlichen Zeit der Erdgeschichte, Warmzeit genannt. Das war nicht immer so: Die ersten Vorfahren der Menschen mussten selbst im August mit Frost zurechtkommen. Sie lebten in einer sogenannten Kaltzeit. Alle paar Zehntausend Jahre wechseln sich Warm- und Kaltzeiten ab. Warum das so ist, wissen wir nicht genau, aber verschiedene Dinge spielen eine Rolle: Änderungen der Erdlaufbahn, die Bewegung der Kontinente, aber auch Vulkanausbrüche oder Gebirgsentstehungen. Die letzte Kaltzeit wird Weichsel-Würm-Eiszeit genannt. Sie begann vor etwa 110.000 Jahren und ging vor rund 11.000 Jahren zu Ende. Auf ihrem Höhepunkt bedeckten bis zu drei Kilometer dicke Eisschilde die Erde. Sie formten Berge, Täler und Seen und unsere Landschaften entstanden.

REKORDE

Der höchste Punkt:
Zugspitze, 2962 m
Der tiefste Punkt:
Neuendorf-Sachsenbande in Schleswig-Holstein, -3,54 m
Der längste Fluss:
Der Rhein, 865 km
Der größte See:
Der Bodensee, 536 km²

Lustige Ortsnamen:
Amerika, Kalifornien, Brasilien, Pumpernudl, Linsengericht, Faulebutter, Hundeluft und Ameisenbrücke
Der lustigste Flussname:
Wilde Sau, ein Nebenfluss der Elbe in Sachsen

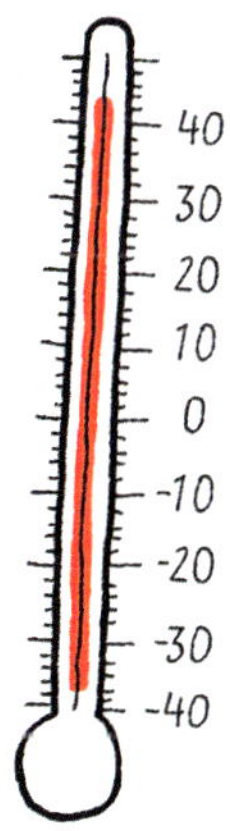

Höchste gemessene Temperatur in Deutschland:
40,3 °C (Juli und August 2015 in Kitzingen, Bayern)
Tiefste gemessene Temperatur in Deutschland:
-37,8 °C (Februar 1929 in Wolnzach, Bayern)

GEWUSEL UND GEWUCHER

Es ist ganz schön was los in Deutschlands Wiesen, Wäldern und Gewässern. Löwen, Pfeilgiftfrösche oder Würfelquallen leben hier natürlich nicht – das ist einerseits schade, aber andererseits gut, denn unsere einheimischen Tiere sind nicht so gefährlich.

DIE TIERE

Rund 48.000 Tierarten gibt es bei uns. Dazu gehören Vögel, Fische, Säugetiere, Amphibien und Reptilien. Aber am häufigsten sind die Insekten (über 30.000 Arten).

Die Häufigsten: 30.000 Insektenarten

Die größten Tiere in Deutschland sind die Wisente. Diese wild lebenden Rinder waren ausgestorben und einige von ihnen wurden erst vor wenigen Jahren wieder in Deutschlands Wäldern angesiedelt. Die Bullen können zwei Meter hoch und drei Meter lang werden. Viel häufiger und auch ganz schön groß ist der Rothirsch. Er kann bis zu 2,5 Meter lang werden und so viel wiegen wie ein großes Motorrad. Manche Tiere sehen wir nie, weil sie so scheu sind. Luchse und Wildkatzen zum Beispiel machen im Gegensatz zu ihren zahmen Artgenossen einen großen Bogen um die Menschen.

Die Größten: 3 Meter lang

REPTILEN

Frösche, Kröten, Salamander und Molche gehören zu den Amphibien. Sie verbringen einen Teil ihres Lebens im Wasser, einen Teil an Land. Während ihrer Entwicklung ändern sie ihre Gestalt (zum Beispiel Laich – Kaulquappe – Frosch).

Die erwachsenen Tiere haben eine feuchte Haut. Reptilien haben trockene, schuppige Haut. Echsen, Schlangen, Krokodile, Schildkröten sind Reptilien – und auch die Dinosaurier zählen wir dazu.

DIE PFLANZEN

Es gibt in Deutschland nicht ganz so viele verschiedene Pflanzen wie Tiere, aber mit rund 10.300 Arten doch eine ganze Menge. Dazu zählen Blumen, Gräser, Sträucher und Bäume. Typisch für Deutschland ist der Wald: Er bedeckt heute ein Drittel des Landes. Ohne den Einfluss von uns Menschen wäre es noch mehr, denn der Wald ist die natürliche Vegetation, also der natürliche Bewuchs unseres Landes. Am meisten verbreitet ist der Mischwald. Das heißt, dort wachsen verschiedene Laub- und Nadelbaumarten nebeneinander. Am häufigsten findet man in den deutschen Wäldern Nadelbäume wie Fichten und Kiefern und Laubbäume wie Buchen und Eichen. Manche Bäume sind mehr als 1000 Jahre alt! Mehrere Orte streiten darum, wer den ältesten hat. Klar ist, wo der größte Baum Deutschlands steht: in Freiburg. Die Douglasie ist fast 67 Meter hoch und hat sogar einen Namen: „Waltraut vom Mühlwald".

Der Höchste: 66 Meter und 58 Zentimeter

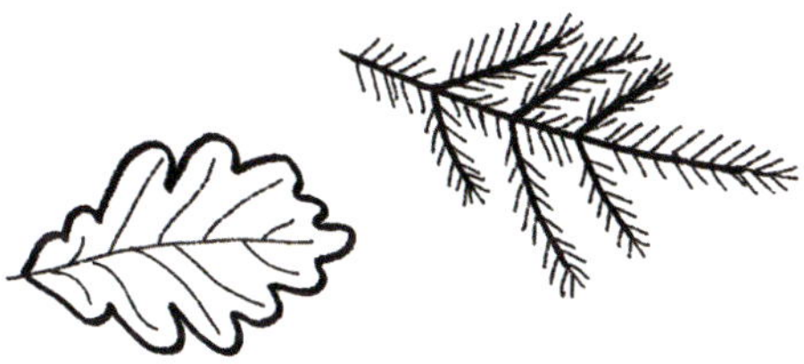

UND WAS IST MIT DEN PILZEN?

Die Wissenschaftler ordnen Pilze weder den Pflanzen noch den Tieren zu. Pilze gehören zu einem eigenen Reich. Es gibt nicht nur die Pilze, die im Wald stehen, sondern auch Hefepilze, Schimmelpilze und viele mehr.

WARUM ES BEI UNS KEINE EISBÄREN GIBT

In Deutschland wird es weder extrem heiß noch kalt – bei uns herrscht gemäßigtes Klima. Das prägt unseren Lebensraum und beeinflusst, welche Pflanzen und Tiere hier heimisch werden. Eisbären zum Beispiel sind an das Leben in Schnee und Eis angepasst, nicht an grüne Wälder. Sie haben eine schwarze Haut, die die Wärme gut aufnimmt, ein helles Fell und eine dicke Speckschicht gegen große Kälte. Damit kommen sie in Gegenden zurecht, in denen viele andere Tiere – zum Beispiel unsere Füchse, Kaninchen und Eichhörnchen – nicht überleben könnten.

NATUR-QUARTETT

In diesem Buch ist leider nicht für alle Tiere und Pflanzen Deutschlands Platz. Daher haben wir ein paar ganz besondere ausgewählt.

Die Rückkehrer:
Sie waren in Deutschland schon einmal ausgestorben.

Die Bedrohten:
Es gibt nur noch wenige von ihrer Art bei uns.

Die Einwanderer:
Sie sind aus anderen Regionen der Welt zu uns gekommen.

Die Alteingesessenen:
Sie sind schon immer in Deutschland heimisch.

Die Gefährlichen:
Vor denen müssen wir uns hüten.

GEFÄHRLICHE

KREUZOTTER · SCHWARZE TOLLKIRSCHE · HERBSTZEITLOSE · WILDSCHWEIN

GRÖSSE: bis zu 80 cm lang
ALTER: bis zu 15 Jahre
VERBREITUNG: deutschlandweit, v.a. im Norddeutschen Tiefland, in den östlichen Mittelgebirgen und z.T. in Süddeutschland
GEFAHR: Ihr Gift ist gefährlich, v.a. für kleine Kinder, kranke und alte Menschen.
BESONDERHEIT: Die Weibchen brüten ihre Eier im Körper aus.

EINWANDERER

WASCHBÄR · WILDKANINCHEN · ROBINIE · KAMILLE

GRÖSSE: bis zu 45 cm
ALTER: bis zu 10 Jahre
VERBREITUNG: deutschlandweit
HERKUNFT: Spanien und Portugal, kam im Mittelalter als Leckerbissen nach England und Frankreich, etwas später zu uns
BESONDERHEIT: Ihre Schneidezähne wachsen ein Leben lang nach.

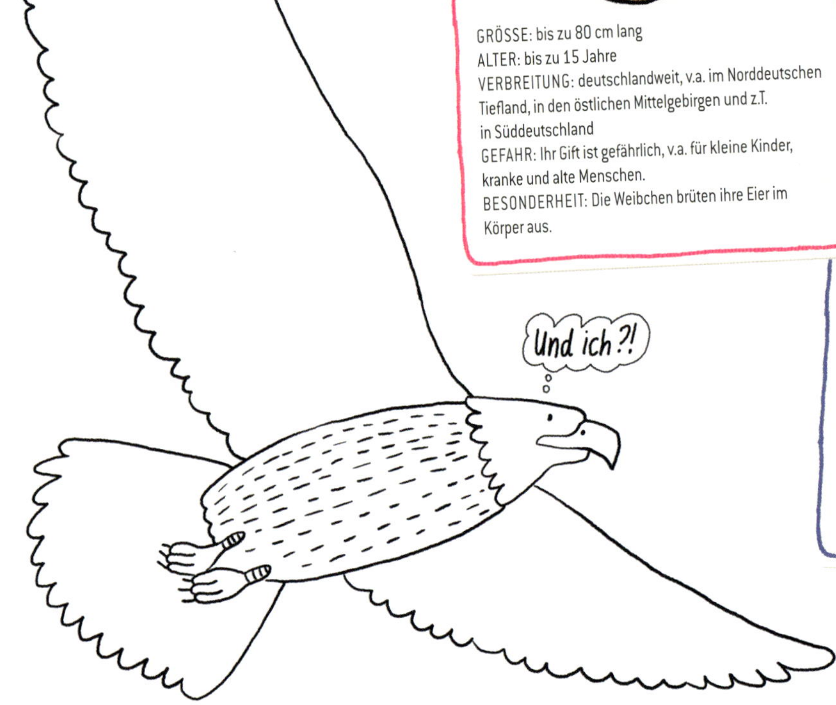

RÜCKKEHRER

WOLF · LUCHS · BIBER · KEGELROBBE

GRÖSSE: bis zu 90 cm groß und 1,40 m lang
ALTER: bis zu 15 Jahre
Verbreitung: im Osten und Norden, v.a. in der Lausitz
RÜCKKEHR: Ende der 1990er nach etwa 150 Jahren
BESONDERHEIT: kann 2 km weit riechen und 10 km weit hören

GEFÄHRLICHE

KREUZOTTER · SCHWARZE TOLLKIRSCHE · HERBSTZEITLOSE · WILDSCHWEIN

GRÖSSE: bis zu 20 cm
BLÜTEZEIT: August–Oktober
VERBREITUNG: v.a. in West- und Süddeutschland
GEFAHR: Blüten, Blätter und Samen sind giftig. Ein bis fünf Samen können tödlich sein.
BESONDERHEIT: Sieht Bärlauch sehr ähnlich, der als Küchenzutat beliebt ist!

ALTEINGESESSENE

EICHE · GEMEINE FICHTE · REH · ROTFUCHS

GRÖSSE: bis zu 60 m
ALTER: bis zu 600 Jahre
VERBREITUNG: deutschlandweit, v.a. in den Mittelgebirgen in Baden-Württemberg, Bayern, Thüringen, Sachsen
BESONDERHEIT: anspruchslos und schnell wachsend – häufigste Baumart in Deutschland

BEDROHTE

FELDHAMSTER · KIEBITZ · ECHTE ARNIKA · FLAMMEN-ADONISRÖSCHEN

GRÖSSE: bis zu 33 cm
ALTER: bis zu 4 Jahre
VERBREITUNG: Mitteldeutschland
BEDROHUNG: Durch die Landwirtschaft wird sein Lebensraum verändert, er findet zu wenig Nahrung und Schutz.
BESONDERHEIT: 20 g Futtervorrat passt in seine Backentaschen – das ist, als würde ein Kind 20 Tafeln Schokolade auf einmal in den Mund stecken.

EINWANDERER

WASCHBÄR · WILDKANINCHEN · ROBINIE · KAMILLE

GRÖSSE: bis zu 85 cm
ALTER: bis zu 20 Jahre
VERBREITUNG: deutschlandweit, v.a. in Hessen, Sachsen-Anhalt, Brandenburg
HERKUNFT: Nordamerika, durch die Pelzzucht in den 1920ern zu uns gekommen, 1934 erstmals in Hessen ausgesetzt
BESONDERHEIT: sehr cleveres Tier, kann sich nach drei Jahren noch an die Lösung eines Problems erinnern

EINWANDERER

WASCHBÄR · WILDKANINCHEN · ROBINIE · KAMILLE

GRÖSSE: bis zu 25 m
ALTER: bis zu 200 Jahre
VERBREITUNG: deutschlandweit
HERKUNFT: Vor ca. 400 Jahren kam sie wegen ihrer hübschen, weißen Blüten und gefiederten Blätter von Nordamerika als Zierpflanze zu uns.
BESONDERHEIT: Aus ihren Blüten sammeln Bienen Nektar, der bei uns als „Akazienhonig" verkauft wird.

RÜCKKEHRER

WOLF · LUCHS · BIBER · KEGELROBBE

GRÖSSE: bis zu 2,30 m lang
ALTER: etwa 25 Jahre
VERBREITUNG: in Ostsee und Nordsee
RÜCKKEHR: Nordsee: vor einigen Jahrzehnten, Ostsee: seit etwa 2004
BESONDERHEIT: frisst etwa 10 kg Fisch am Tag

GEFÄHRLICHE

KREUZOTTER · SCHWARZE TOLLKIRSCHE · HERBSTZEITLOSE · WILDSCHWEIN

GRÖSSE: bis zu 1,50 m
BLÜTEZEIT: Juni–August
VERBREITUNG: deutschlandweit, v.a. im Süden
GEFAHR: Alles an ihr ist giftig, besonders die kirschgroßen, schwarzen Beeren. Schon wenige wirken bei Kindern tödlich!
BESONDERHEIT: Früher wurde sie als Schönheitsmittel verwendet, weil der Beerensaft die Wangen rötet und in die Augen getröpfelt die Pupillen größer macht.

ALTEINGESESSENE

EICHE · GEMEINE FICHTE · REH · ROTFUCHS

GRÖSSE: bis zu 40 cm hoch und mit Schwanz bis zu 1,20 m lang
ALTER: bis zu 12 Jahre
VERBREITUNG: deutschlandweit, zunehmend auch in Städten
BESONDERHEIT: kann seine Ohren in fast jede Richtung drehen und damit sogar Regenwürmer kriechen hören

ALTEINGESESSENE

EICHE · GEMEINE FICHTE · REH · ROTFUCHS

GRÖSSE: bis zu 40 m
ALTER: über 800 Jahre
VERBREITUNG: deutschlandweit
BESONDERHEIT: Bei unseren Vorfahren war sie Symbol für Stärke, Ewigkeit. Eichenlaub ziert die deutsche Cent-Münze.

BEDROHTE

FELDHAMSTER · KIEBITZ · ECHTE ARNIKA · FLAMMEN-ADONISRÖSCHEN

GRÖSSE: bis zu 60 cm
BLÜTEZEIT: Mai–August
VERBREITUNG: v.a. im Mittelgebirge und den Alpen
BEDROHUNG: Eine veränderte Nutzung des Bodens macht es ihr schwer, sich zu verbreiten.
BESONDERHEIT: Die Blüten gelten seit Jahrhunderten als natürliches Schmerzmittel.

EINWANDERER

WASCHBÄR · WILDKANINCHEN · ROBINIE · KAMILLE

GRÖSSE: bis zu 50 cm
BLÜTEZEIT: Mai–September
VERBREITUNG: deutschlandweit
HERKUNFT: Süd- und Osteuropa, mit den alten Römern nach Deutschland gekommen
BESONDERHEIT: Sie zählt zu den ältesten Heilmitteln, die Blüten helfen u.a. gegen Entzündungen und Magenschmerzen.

RÜCKKEHRER

WOLF · LUCHS ·
BIBER · KEGELROBBE

GRÖSSE: bis zu 1,35 m lang
ALTER: etwa 12 Jahre
VERBREITUNG: deutschlandweit, v.a. entlang der Elbe und in Bayern
RÜCKKEHR: um die 1970er von Menschen wieder angesiedelt
BESONDERHEIT: Biberkinder können von Geburt an schwimmen, tauchen müssen sie lernen.

BEDROHTE

FELDHAMSTER · **KIEBITZ** · ECHTE ARNIKA ·
FLAMMEN-ADONISRÖSCHEN

GRÖSSE: bis zu 31 cm
ALTER: bis zu 20 Jahre
VERBREITUNG: deutschlandweit, v.a. an den Küsten
BEDROHUNG: Immer mehr seines Lebensraums wird zu Ackerfläche umgewandelt.
BESONDERHEIT: kann Kunststücke in der Luft vollführen – etwa Überschläge und Abstürze senkrecht nach unten

RÜCKKEHRER

WOLF · **LUCHS** ·
BIBER · KEGELROBBE

GRÖSSE: bis zu 75 cm groß und 1,20 m lang
ALTER: 10 bis 15 Jahre
VERBREITUNG: in großen Wäldern im Süden und Harz
RÜCKKEHR: Anfang der 1990er nach etwa 100 Jahren
BESONDERHEIT: kann bis zu 70 km/h schnell sprinten

GEFÄHRLICHE

KREUZOTTER · SCHWARZE TOLLKIRSCHE ·
HERBSTZEITLOSE · **WILDSCHWEIN**

GRÖSSE: bis zu 1 m hoch und bis zu 1,80 m lang
ALTER: bis zu 20 Jahre
VERBREITUNG: deutschlandweit, v.a. in Brandenburg, Hessen, Rheinland-Pfalz
GEFAHR: Tiere, die verletzt sind oder Junge haben, können aggressiv werden.
BESONDERHEIT: Die Vorfahren unserer Hausschweine gibt es seit der Urzeit.

BEDROHTE

FELDHAMSTER · KIEBITZ · ECHTE ARNIKA ·
FLAMMEN-ADONISRÖSCHEN

GRÖSSE: bis zu 30 cm
BLÜTEZEIT: Mai–August
VERBREITUNG: in Baden-Württemberg, Thüringen
BEDROHUNG: zu viel Pflanzenschutzmittel und Dünger auf den Feldern
BESONDERHEIT: Enthält einen Stoff, der eigentlich giftig ist, aber in kleiner Menge in Medikamenten gegen Herzerkrankungen helfen kann.

ALTEINGESESSENE

EICHE · GEMEINE FICHTE ·
REH · ROTFUCHS

GRÖSSE: bis zu 90 cm hoch und 1,40 m lang
ALTER: bis zu 15 Jahre
VERBREITUNG: deutschlandweit
BESONDERHEIT: Rehböcke werfen jedes Jahr im Herbst ihr bis zu 20 cm langes Geweih ab. Es wächst gleich wieder nach.

GUT DARAUF AUFPASSEN!

Früher haben bei uns, wie überall, mehr Tierarten gelebt als heute. Braunbären zum Beispiel sind aus Deutschland verschwunden. Von Wildpferden und Waldrappen, einer großen Vogelart, gibt es nur noch wenige Exemplare.

WORAN LIEGT DAS?

Momentan sind etwa ein Drittel aller Tier- und Pflanzenarten in Deutschland gefährdet. Das wissen wir, weil Wissenschaftler sogenannte Rote Listen führen, auf die sie alle bedrohten Arten schreiben. Schuld an der Veränderung der Natur ist vor allem der Mensch. Weil wir immer mehr Straßen, Häuser, Industrie und Landwirtschaft brauchen, nehmen wir den anderen Lebewesen ihre Nahrung und den Raum zum Leben weg. Darum ist es wichtig, sorgsam mit der Natur umzugehen. In Deutschland steht das seit ein paar Jahren sogar im Grundgesetz: Der Staat soll die natürlichen Lebensgrundlagen und die Tiere schützen.
Dazu gehört, der Natur eine Chance zu lassen, sich zu erholen.
In Deutschland gibt es 16 Nationalparks und Tausende Naturschutzgebiete, in denen die Tiere und die Pflanzen ungestört leben können. Das größte deutsche Naturschutzgebiet ist das Nordfriesische Wattenmeer.

ARTENSTERBEN

Auch in früherer Zeit, bevor überhaupt Menschen über die Erde spazierten, gab es Artensterben. Sonst würde ja vielleicht jetzt gerade ein Dinosaurier eure Hecke abrupfen …

DIE UMWELT

Aus dem Weltall sieht die Erde klein und zerbrechlich aus. Sie hat es auch nicht leicht mit uns Menschen. Zu viel Dreck in der Luft, zu viel Plastikmüll im Meer: So zerstören wir Lebensraum – den der Tiere und Pflanzen und auch unseren eigenen.

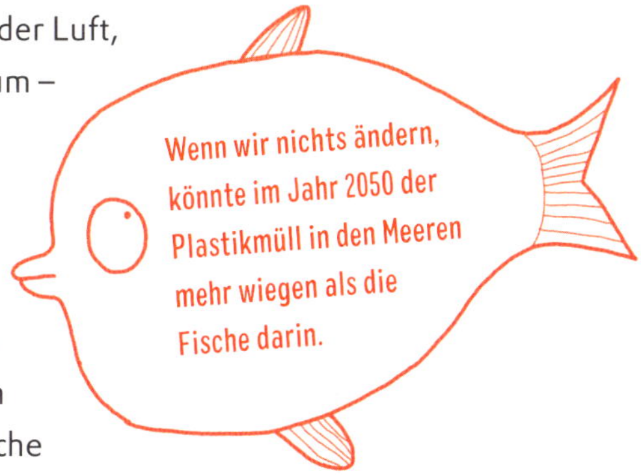

UND NUN?

Wie viele Abgase dürfen Fabriken und Autos in die Luft pusten? Wie werden Flüsse vor den Düngemitteln der Landwirtschaft geschützt? Wie laut darf es in einem Wohngebiet werden? Für diese und viele andere Bereiche erlassen das Bundesumweltministerium und einige andere Ämter in Deutschland Regeln und Gesetze. Damit zum Beispiel weniger Dosen und Flaschen weggeworfen werden, wurde 2003 das Pfandsystem eingeführt.
Außerdem setzen sich viele Menschen in Umweltorganisationen für den Schutz der Natur ein. Oft gibt es verschiedene Interessen: Die einen wollen eine neue Autobahn bauen, die anderen wollen die Vögel schützen, die dort nisten. Über jeden einzelnen Fall wird dann geredet und oft auch gestritten, weil eine Lösung gefunden werden muss.

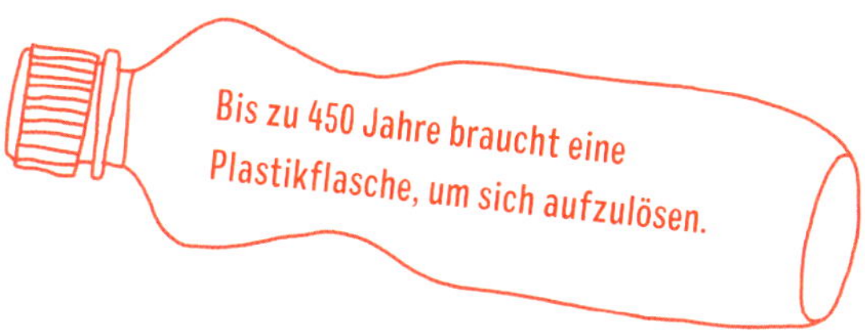

WAS KANNST DU TUN?

Jeder kann helfen, die Umwelt zu schützen:

Nimm Fahrrad, Zug oder Bus statt Auto oder Flugzeug.

Knipse das Licht aus, wenn du aus dem Zimmer gehst.

Trenne Müll: Wirf Kunststoff in den Gelben Sack, altes Glas in Glascontainer, Papier in die Papiertonne …

Schalte elektrische Geräte, die du gerade nicht benutzt, ganz aus.

Nimm Stofftasche oder Rucksack statt Plastiktüten.

Dreh den Wasserhahn zu, während du Zähne putzt.

DAS KLIMA

Dass sich das Klima auf der Erde verändert, ist normal – in der langen Erdgeschichte passierte das immer wieder. Aber in den letzten 100 Jahren ist die Temperatur ungewöhnlich stark gestiegen. Ein Grund dafür ist der Treibhauseffekt. Stell dir ein Gewächshaus vor: Das Glas sorgt dafür, dass ein Teil der Wärme drin bleibt und die Pflanzen besser wachsen. Was beim Gewächshaus das Glas ist, ist bei der Erde die Atmosphäre. Sie besteht aus verschiedenen Gasen, zum Beispiel Kohlendioxid. Die Gase sorgen dafür, dass nur ein Teil der Wärme von der Erdoberfläche ins Weltall abgegeben wird. Zum Glück, sonst wäre es bei uns viel, viel kälter.

Glashaus

Erdatmosphäre

Das Problem ist, dass wir Menschen den Treibhauseffekt verstärken. Autos, Flugzeuge, Kraftwerke und Fabriken produzieren zusätzliches Kohlendioxid.

Dadurch wird die Atmosphäre dichter und lässt immer weniger Wärme durch. Auf der Erde steigt die durchschnittliche Temperatur. Dieser Klimawandel hat schlimme Folgen: Das Eis an den Polen schmilzt schneller, der Meeresspiegel steigt und es drohen Überflutungen. Bei uns spüren wir den Klimawandel durch extremes Wetter wie starkem Regen und Hitzewellen.

Darum müssen wir weniger Kohlendioxid produzieren, zum Beispiel indem wir auf die sogenannten erneuerbaren Energien umsteigen, also auf Solaranlagen, Windräder und Wasserkraftwerke. Bis zum Jahr 2035 soll mehr als die Hälfte des Stroms in Deutschland von solchen Quellen kommen. Außerdem setzt sich Deutschland dafür ein, dass auch andere Länder weniger Kohlendioxid produzieren.

2

MENSCHEN

EUROPÄISCHE UNION
BUNDESREPUBLIK
DEUTSCHLAND
REISEPASS
WILLKOMMEN

82,7 Millionen Menschen
Frauen
Männer
11 Millionen Kinder von 0 bis 15 Jahre
18 Millionen Menschen über 65 Jahre
10 Millionen Ausländer
6,5 Millionen Fußballspieler
49 Millionen Menschen leben in Städten mit mehr als 20.000 Einwohnern

WER SEID IHR?

In Deutschland leben rund 82,7 Millionen Menschen. Würden sich alle 82,7 Millionen bei der Hand nehmen (es sind 165.400.000 Hände) und eine Kette bilden, würde die zweimal um die Erde herumreichen!

WER DENN?

In keinem anderen Land in Europa sind mehr Menschen zu Hause. In der Rangliste aller Staaten nach Einwohnerzahl liegt Deutschland auf Platz 17. Und das, obwohl es jede Menge Länder gibt, die viel größer sind. Man spricht darum auch davon, dass Deutschland dicht besiedelt ist. Die meisten Menschen, etwa drei Viertel, leben in Städten.

Durchschnittlich können Frauen in ihrem Leben fünfmal häufiger Geburtstag feiern als Männer.

Die Bevölkerung ist bunt gemischt: Frauen, Männer, jung, alt, Menschen, die hier geboren wurden, und Menschen, die eingewandert sind. Insgesamt gibt es in Deutschland etwas mehr Frauen, denn ihre Lebenserwartung ist höher. Das heißt, sie werden älter als die Männer. Ein Mädchen, das heute geboren wird, kann damit rechnen, 83 Jahre alt zu werden. Bei einem Jungen sind es etwa 78 Jahre. Der Grund für diesen Unterschied liegt oft am unterschiedlichen Verhalten: Frauen ernähren sich meist gesünder, sie setzen sich im Alltag weniger Gefahren aus und sie gehen häufiger zur Vorsorge zum Arzt.

IMMER ÄLTER ...

Die Bevölkerung in Deutschland verändert sich. Eine Veränderung betrifft das durchschnittliche Alter der Menschen: Es steigt immer mehr an. Das nennt man auch „demografischer Wandel". Kurz gesagt gibt es immer weniger junge und immer mehr ältere Menschen. Derzeit leben knapp 11 Millionen Kinder bis 15 Jahren in Deutschland. Die Zahl geht jedes Jahr ein bisschen weiter zurück. Dieser Wandel hat zwei Ursachen. Zum einen werden in Deutschland seit vielen Jahren nur wenige Kinder geboren. Eine Frau bekommt bei uns im Durchschnitt etwa 1,6 Kinder – in Frankreich sind es etwa 1,9 Kinder, in vielen Ländern Afrikas bekommt eine Frau im Leben durchschnittlich sechs Kinder. Der zweite Grund: Die Menschen in Deutschland leben immer länger. 1950 wurden sie im Schnitt nur etwa 67 Jahre alt, heute sind es 81 Jahre.

Jeden Tag werden etwa 2160 Kinder in Deutschland geboren.

Der demografische Wandel ist eine große Herausforderung für Deutschland. Zum Beispiel klagen schon heute viele Unternehmen, dass sie nicht mehr genug Menschen finden, die für sie arbeiten oder die sie ausbilden können. Hinzu kommt: Wer ein bestimmtes Alter erreicht, muss nicht mehr arbeiten. „In Rente gehen" sagt man dazu. Man bekommt dann trotzdem Geld, die Rente. Sie wird bezahlt von den Leuten, die noch arbeiten. Sie geben einen Teil ihres Lohns ab und bekommen dafür später, wenn sie alt sind, ebenfalls eine Rente. Das Problem mit dem demografischen Wandel: Wenn es immer weniger junge und immer mehr alte Menschen gibt, reicht das Geld nicht mehr, um die Rente für alle zu zahlen.

DIE BELIEBTESTEN VORNAMEN

2017: Emma, Sophia, Marie, Ben, Paul, Maximilian

1917: Gertrud, Hildegard, Ilse, Hans, Karl, Walter

… UND BUNTER

Weil in Deutschland jedes Jahr mehr Menschen sterben als geboren werden, müsste die Bevölkerung eigentlich schrumpfen – und die oben genannten Probleme immer größer werden. Doch es gibt einen Ausgleich: die Zuwanderung. Jedes Jahr kommen Tausende Menschen aus anderen Ländern nach Deutschland. Im Jahr 2017 waren rund 11,5 Prozent der Menschen Ausländer.

WER IST DENN DEUTSCHER?

Doch was heißt das überhaupt, Ausländer zu sein? Und was heißt es, deutsch zu sein? Das Grundgesetz, das die wichtigsten Regeln unseres Landes enthält, legt eindeutig fest: Deutsch ist, wer die deutsche Staatsangehörigkeit hat. Die bekommt jedes Kind automatisch, wenn ein Elternteil sie besitzt oder wenn ein Elternteil bei der Geburt seines Kindes schon seit mindestens acht Jahren rechtmäßig in Deutschland lebt und dauerhaft bleiben darf. Man kann die deutsche Staatsangehörigkeit auch nachträglich erhalten. Dafür muss man bestimmte Voraussetzungen erfüllen, zum Beispiel die deutsche Sprache sprechen und genug Geld zum Leben verdienen. Dies gilt für alle Menschen, ganz egal woher sie selbst oder ihre Vorfahren stammen.

Etwa 2500 Menschen sterben jeden Tag in Deutschland.

34 Millionen Haustiere in Deutschland

MEIN DEUTSCHLAND, DEIN DEUTSCHLAND

Manchmal verlassen Menschen ihre Heimat, um woanders ihr Glück zu suchen. Das ist schon so, seit es Menschen gibt. Alle unsere Vorfahren sind irgendwann einmal Einwanderer gewesen, denn soweit wir wissen, haben die allerersten Menschen die Welt von Afrika aus besiedelt.

GEKOMMEN, UM ZU BLEIBEN

In der heutigen Zeit ist Deutschland ein beliebtes Ziel, weil es ein reiches, demokratisches Land ist, in dem man sicher leben kann. Etwa ein Fünftel der Menschen in Deutschland haben einen Migrationshintergrund, ungefähr 19 Millionen. Das heißt, sie oder ihre Vorfahren sind seit 1949, nach der Gründung der Bundesrepublik, aus einem anderen Land eingewandert.

Viele kamen ab Mitte der 1950er-Jahre als sogenannte Gastarbeiter. Damals gab es in Deutschland zu wenige Arbeitskräfte für die stark wachsende Wirtschaft. Daher ermunterte die Bundesregierung Menschen aus anderen Ländern, zum Arbeiten nach Deutschland zu kommen. Die meisten kamen aus Italien, Spanien, Griechenland, der Türkei, Portugal und Jugoslawien. Die deutsche Regierung rechnete damit, dass sie nach ein paar Jahren wieder in ihre Heimat zurückgehen würden. Die meisten der 14 Millionen Menschen taten das auch, doch rund 3 Millionen blieben hier und holten ihre Familien nach. Aus den Gästen wurden Einwanderer, die Deutschland seitdem mit ihren Traditionen bereichern.

EMIGRATION

Jedes Jahr wandern Tausende Deutsche aus, vor allem in die Schweiz und die USA. Es sind meist gut ausgebildete Leute, die anderswo bessere Berufschancen sehen.

Ich mache eine Reise und nehme mit:

EINE NEUE HERAUSFORDERUNG

Seit einiger Zeit erlebt Deutschland eine neue Zuwanderung: Die Menschen kommen diesmal nicht auf Bitten Deutschlands, sondern weil sie keine Zukunft in ihrer Heimat sehen. Sie nehmen gefährliche Reisen auf sich. Auch viele Kinder sind dabei, manche kommen sogar ohne Eltern. Ihre Familien schicken sie los, weil sie in Gefahr sind und weil sie ein besseres Leben haben sollen. Die meisten der Flüchtenden stammen aus Syrien, dem Irak und Afghanistan. Sie fliehen vor dem Krieg und den Unruhen in ihrem Land. Andere kommen, weil sie in ihrer Heimat keine Arbeit finden, in großer Armut leben oder diskriminiert werden. In Deutschland stellen sie dann einen Antrag auf Asyl, das heißt einen Antrag, im Land bleiben zu dürfen und Schutz zu finden.
Die vielen Neuankömmlinge sind eine große Chance. Deutschland braucht junge Leute und Arbeitskräfte. Auf der anderen Seite ist der Andrang eine Herausforderung. Vieles ist ungewohnt und fremd, nicht alle der Ankommenden sind gebildet, sie müssen erst die Sprache lernen und dann einen Beruf finden. Außerdem haben viele vor oder während ihrer Flucht schlimme Erfahrungen gemacht und brauchen besondere Fürsorge.

WER DARF BLEIBEN?

Nicht jeder, der nach Deutschland flüchtet, darf bleiben. In Deutschland regelt ein Gesetz, wer ein Recht auf Asyl oder Flüchtlingsschutz hat. Dazu gehören Menschen, die in ihrer Heimat verfolgt werden, zum Beispiel aufgrund ihrer Religion, Nationalität oder politischen Überzeugung. Armut im Heimatland ist in Deutschland kein Grund, Asyl zu bekommen. Viele der Menschen, die deswegen einreisen, müssen darum wieder in ihr Land zurück. Wer Asyl bekommt, darf arbeiten gehen und in eine eigene Wohnung ziehen.
Natürlich dürfen nicht nur Asylsuchende nach Deutschland einwandern. Für viele Europäer gilt die sogenannte Freizügigkeit, das heißt, sie können sich aussuchen, wo sie wohnen und arbeiten wollen. Menschen aus Ländern außerhalb Europas brauchen eine spezielle Erlaubnis, um in Deutschland studieren oder arbeiten zu können.

UND WEN GIBT ES NOCH?

In Deutschland leben vier Gruppen, die zwar deutsche Staatsangehörige sind, aber eine andere Muttersprache und Kultur haben: Dänen, die friesische Volksgruppe, das sorbische Volk und die deutschen Sinti und Roma. Man nennt sie nationale Minderheiten. Sie unterscheiden sich von anderen Zuwanderern dadurch, dass sie schon seit Jahrhunderten in Deutschland leben und, abgesehen von den Sinti und Roma, nur in bestimmten Regionen zu Hause sind. Diese nationalen Minderheiten erhalten in Deutschland besonderen Schutz und Förderung, damit sie ihre Traditionen bewahren können. Zum Beispiel wird ihre Sprache an ihren Wohnorten in der Schule unterrichtet.
Übrigens gibt es auch deutschsprachige Minderheiten im Ausland, vor allem in Osteuropa, aber auch in Amerika, Afrika und sogar Australien. Sie besitzen meist die Staatsangehörigkeit des Landes, in dem sie wohnen, haben aber die deutsche Sprache über Jahrzehnte hinweg bewahrt.

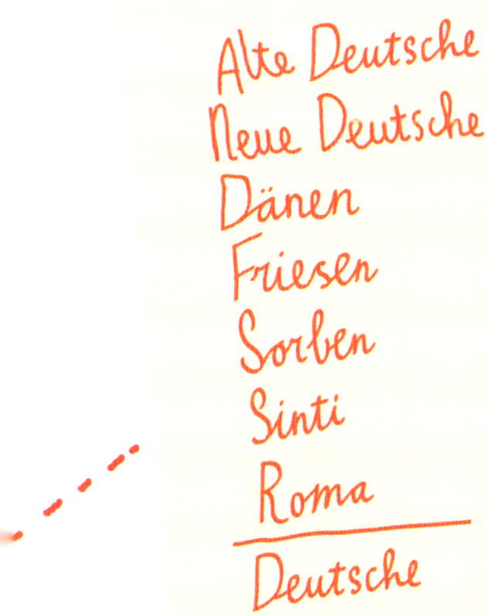

WER WOHNT MIT WEM?

Wie ist das mit dem Zusammenleben? Wer lebt mit wem und wie zusammen? Grundsätzlich ist ja klar: Jeder kann leben, wie er möchte. Und was bedeutet das in Deutschland?

FAMILIE: WAS GENAU IST DAS?

Die Antwort ist eigentlich sehr einfach: Familie ist dort, wo Kinder sind. Zur Familie gehören Geschwister, Eltern, Großeltern, Tanten, Neffen, Cousinen und so weiter. Für viele Menschen gehören aber auch Freunde zur Familie, also alle Menschen, mit denen sie sich wohlfühlen, die ihnen wichtig sind und die sie vermissen, wenn sie gerade nicht da sind.

Insgesamt gibt es in Deutschland mehr als acht Millionen Familien mit minderjährigen Kindern. Besonders häufig sind dabei Familien, in denen nur ein Kind lebt.
Viele Menschen entscheiden sich dafür, eine klassische Familie zu gründen: Frauen und Männer leben dann mit ihren Kindern zusammen.

WAS GENAU IST HEIRATEN EIGENTLICH?

Zwei Menschen, die sich dafür entscheiden, dass sie auch in Zukunft als Paar zusammenleben wollen, können heiraten. Dadurch wird ihre Entscheidung mit einer Art Vertrag durch den Staat festgeschrieben. In Deutschland schließt dann ein Beamter oder eine Beamtin der Stadt im Standesamt die Ehe zwischen zwei Menschen. Ungefähr 400.000 Paare heiraten in Deutschland jedes Jahr. Allerdings werden auch zwischen 150.000 und 200.000 jährlich wieder geschieden.

EHEPAARE MIT KINDERN

Die meisten der fast elf Millionen Kinder in Deutschland leben in Familien, in denen die Eltern verheiratet sind. Bei uns wohnen fast sechs Millionen Ehepaare mit ihren Kindern.

PAARE MIT KINDERN

Mehr als 870.000 Paare leben in Deutschland mit Kindern zusammen, ohne verheiratet zu sein. Das nennt man eine Lebensgemeinschaft.

ALLEINERZIEHENDE

Manche Eltern verstehen sich nach einiger Zeit nicht mehr gut und sie trennen sich. Darum gibt es in Deutschland viele Familien, in denen Kinder entweder bei der Mutter oder beim Vater oder im Wechsel bei beiden leben. Wenn Mütter oder Väter ihr Kind oder ihre Kinder allein großziehen, dann werden sie Alleinerziehende genannt. Jeder fünfte Elternteil ist in Deutschland alleinerziehend – das sind etwa 2,7 Millionen.

PATCHWORK-FAMILIEN

Alleinerziehende sind aber nicht unbedingt allein mit ihren Kindern. Oft haben sie neue Partner und vielleicht bringen diese eigene Kinder mit in die neue Beziehung. Alle zusammen sind dann eine Patchwork-Familie, also eine Familie, die sich aus verschiedenen Familien neu zusammensetzt.

REGENBOGENFAMILIEN

Manche Kinder leben mit zwei Müttern oder mit zwei Vätern zusammen. Diese Familien nennt man Regenbogenfamilien. Der Name bezieht sich auf die Regenbogenflagge. Sie gilt in vielen Ländern als Symbol für Akzeptanz von Vielfalt. In Deutschland lebten im Jahr 2011 etwa 5700 Kinder in Regenbogenfamilien – Tendenz steigend.

FAMILIEN MIT ADOPTIERTEN KINDERN ODER PFLEGEKINDERN

In all diesen unterschiedlichen Familien kann es auch Kinder geben, die adoptiert wurden oder als Pflegekinder aufgenommen wurden. Jedes Jahr werden in Deutschland etwa 4000 Kinder und Jugendliche adoptiert. Mehr als 120.000 Kinder leben in Pflegefamilien oder in Heimen. Diese Kinder haben eigentlich schon eine Familie, sie können aber nicht bei ihr sein, zum Beispiel, weil die Eltern sehr krank sind und sich nicht um ihr Kind kümmern können oder weil sie die Kinder nicht gut behandeln. Manchmal sind die Eltern auch gestorben, dann brauchen die Kinder eine neue, zweite Familie.

SINGLES OHNE KINDER

Mehr als 16 Millionen Menschen in Deutschland leben nicht mit einem Partner in einer Wohnung zusammen. Sie führen einen Single-Haushalt. Das heißt aber nicht unbedingt, dass sie keine Familie haben oder allein sind. Sie haben vielleicht noch ihre Eltern oder Geschwister oder Kinder, die bereits ausgezogen sind. Ihre Partner wohnen vielleicht in einer anderen Stadt oder nur ein paar Straßen weiter. Oder sie betrachten ihre Freunde als ihre Familie.

PAARE OHNE KINDER

Viele Menschen entscheiden sich auch dafür, zusammenzuleben und keine Kinder zu haben. Auch sie würden von sich selbst vielleicht als Familie sprechen, weil sie sich zusammen wohlfühlen und ein Zuhause teilen. Manchmal wünschen Paare sich auch Kinder, können aber keine bekommen.

WOHNGEMEINSCHAFTEN

Eine Wohnung allein zu bewohnen kann teuer sein. Oft gründen deshalb Studenten oder junge Leute, die eine Berufsausbildung machen, eine Wohngemeinschaft. In so einer WG teilt man dann nicht nur die Mietkosten, sondern auch Küche und Badezimmer. Jeder hat dazu noch ein Zimmer, das nur ihm gehört.

MEHRGENERATIONENHÄUSER

Zu früheren Zeiten lebten oft mehrere Generationen, also etwa die Großeltern, die Eltern und die Kinder, in einem gemeinsamen Haus. Das ist heute nur noch sehr selten so. Es gibt aber eine noch recht neue Möglichkeit, das zu ändern: sogenannte Mehrgenerationenhäuser. Dort wohnen Kinder, Jugendliche, Erwachsene und alte Menschen, die nicht unbedingt miteinander verwandt sind. Dann können die jüngeren Menschen den älteren zum Beispiel erklären, wie ein Smartphone funktioniert, die älteren haben viel Erfahrung, kennen vielleicht gute Lösungen für Probleme und passen mal auf die Kinder auf.

SENIORENRESIDENZEN UND PFLEGEHEIME

Je älter man wird, desto schwieriger kann es werden, in einer eigenen Wohnung zurechtzukommen. Wenn alte Menschen krank sind oder wenn sie nicht mehr allein kochen können, ihnen das Duschen, Zähneputzen oder das Aufs-Klo-Gehen ohne Hilfe kaum noch gelingt, dann kann ein Pflegeheim oder eine Seniorenresidenz eine gute Lösung sein. Mehr als 3 Millionen Menschen in Deutschland müssen gepflegt werden. Davon werden etwa 780.000 in Pflegeheimen versorgt, alle anderen werden durch Angehörige oder mobile Pflegedienste zu Hause betreut.

GEFÄNGNISSE

In Deutschland leben derzeit mehr als 60.000 Menschen in Gefängnissen. Dort gelten meist strenge Regeln. Wann sie aufstehen, arbeiten, essen oder ins Bett gehen müssen, wird ihnen vorgeschrieben.

MACHT'S SPASS?

Sport machen? Oder lieber Filme ansehen? Rockmusik hören? Oder lieber Volksmusik? Die Vielfalt ist groß – aber was mögen viele Deutsche besonders gern?

WO GEHT'S DENN HIN?

Verglichen mit den anderen Ländern Europas haben die Menschen in Deutschland ziemlich viele freie Tage – durchschnittlich 30 Urlaubstage und elf Feiertage. Zählen wir noch die 48 weiteren Wochenenden hinzu, müssen die Menschen in Deutschland an 137 Tagen im Jahr nicht arbeiten – genug Zeit also, um Reisepläne zu schmieden. Das Lieblingsreiseland der Deutschen ist Deutschland. Fast jeder Vierte macht hier Urlaub. Die beliebtesten Regionen sind die Ostsee, die Nordsee, Bayern und Berlin. Wenn's ins Ausland gehen soll, dann machen sich die Deutschen am häufigsten auf den Weg nach Spanien, Italien oder Österreich. Wohin fährst du am liebsten?

IN BEWEGUNG?

Bei einer Sportart gern zuzusehen bedeutet noch lange nicht, diesen Sport auch selbst zu treiben. So gibt in Umfragen zwar jeder dritte Deutsche Fußball als Lieblingssportart an – kein Wunder, die deutsche Nationalmannschaft gehört zu den erfolgreichsten der Welt. Am liebsten selbst Fußball spielen – das machen jedoch nur acht Prozent. Auch die auf den Plätzen zwei, drei und vier folgenden Lieblingssportarten der Deutschen, nämlich Boxen, Autorennsport und Skispringen üben die wenigsten selbst aus, aber sie sehen gern zu. Die meisten Leute im Land halten sich fit mit Fitness und Workout. Am zweitliebsten wandern und schwimmen die Deutschen, gefolgt von joggen, walking und immer häufiger auch von Yoga.

KLINGT GUT?

Deutschland ist das Land der Volksmusik. Wirklich? So zumindest stellen sich viele im Ausland den Musikgeschmack der Deutschen vor. Dazu am besten noch eine bayerische Lederhose oder ein Dirndl … Tatsächlich mag nur jeder zehnte Deutsche diese eher altmodische Form der Blasmusik.
Am liebsten hören die Menschen in Deutschland englischsprachige Rock- und Popmusik. Wer sich die Musikcharts ansieht, das sind eine Art Verkaufsliste mit den derzeit beliebtesten Songs, findet dort auch hauptsächlich englischsprachige Titel. In den letzten Jahren war aber auch die Anzahl von Songs deutschsprachiger Rock- und Popmusik ziemlich hoch.
Viele Deutsche lieben auch Oldies und sogenannte Evergreens. Das sind meist Songs aus vergangenen Jahrzehnten, die immer wieder gehört werden und die auch viele mitsingen können. Beliebte Bands solcher Oldies sind zum Beispiel die englischen Beatles, die schwedische Gruppe Abba (beide Bands gibt es nicht mehr) oder die US-amerikanischen Beach Boys. Etwas sehr Deutsches ist zudem die Schlagermusik. Die momentan wohl bekanntesten Schlagersängerinnen sind Helene Fischer und Andrea Berg. Jetzt kommst du: Was ist deine Lieblingsmusik?

Trotz Internet hören die Deutschen ihre Musik übrigens nach wie vor am liebsten über das Radio. Auch CDs sind noch immer beliebt. Immer häufiger, natürlich, wird Musik über Computer, Laptops, Smartphones und MP3-Player abgespielt. Und dann sind da noch die Streamingdienste: Riesige Musikplattformen mit Millionen von Songs, über die die Nutzer ihre Lieblingsmusik abrufen.

SELBST MUSIZIEREN?

Viele Menschen in Deutschland hören nicht nur gern Musik, sie machen auch selbst welche. Etwa 140.000 Schüler lernen zum Beispiel Klavier, 110.000 nehmen Gitarrenunterricht. Das drittbeliebteste Instrument ist die Geige, gefolgt von der Blockflöte, dem Schlagzeug und der Querflöte.

IMMER MIT BILDSCHIRM?

Als Medien bezeichnet man letztlich alles, womit Texte, Bilder oder Töne verbreitet werden können. Früher waren das lediglich die „klassischen Medien", also Bücher, Zeitungen und Zeitschriften, später kamen Radio und das Fernsehen hinzu.

In ihrer Freizeit schauen die meisten Deutschen auch heute nach wie vor fern, gefolgt vom Radiohören. Danach folgt die Nutzung des Internets auf Platz drei. Mit seinen Milliarden Webseiten und den zahlreichen Social-Media-Plattformen wie Facebook, Twitter, YouTube, Instagram und vielen anderen gehört das Internet zu den sogenannten neuen Medien, auch Telemedien genannt. Das Besondere an den neuen Medien ist unter anderem, dass darin jeder seine eigenen Inhalte online stellen kann. Früher konnten fast nur die Fernseh- und Radiosender oder die Zeitungsverlage ihre Inhalte verbreiten. Inzwischen kann sich jeder mit einem eigenen Blog, einer Webseite oder einem Videokanal selbst an die Öffentlichkeit wenden.

Dieser sogenannte Medienwandel ist in vollem Gange: 76 Prozent der Deutschen gehen regelmäßig ins Internet – 2010 waren es nur 48 Prozent. 2017 gab es in Deutschland etwa 54 Millionen Smartphone-Nutzer, die so überall mobil Zugriff auf das Internet haben. Aus mehr als drei Millionen Apps können die Menschen sich die Programme auswählen, die ihnen am besten gefallen. In Deutschland laden ein Viertel der Nutzer am liebsten Spiele-Apps herunter, etwa acht Prozent der heruntergeladenen Apps beschäftigen sich mit Bildung, zwei Prozent mit Nachrichten, aber auch mit Essen, Sport, Musik, Foto und Video.

WORAN GLAUBT IHR?

Die Welt ist voller Fragen, manche Antworten sind einfach zu finden, manche nicht. Welche Fragen beschäftigen dich? Und wen würdest du gern um Antwort bitten?

MEHR ALS DIE WISSENSCHAFT WEISS?

Warum ist Meerwasser salzig und der Himmel blau? Auf diese Fragen haben wir Antworten. Warum existieren die Sonne und die Erde überhaupt? Da wird es schon komplizierter, aber immerhin wissen wir: Sie sind aus Gasen und Gestein im Universum entstanden. Aber woher kommt das Universum? Vielleicht ist es ein Ergebnis des Urknalls. Aber warum gab es den Urknall? Schwierige Frage. Oder: Warum passieren Unglücke und Naturkatastrophen? Viele Menschen finden die Antworten auf die großen Fragen der Welt in ihrer Religion. Sie glauben an einen Gott oder etwas Göttliches.

Darüber hinaus bieten Religionen auch bestimmte Verhaltensregeln an, die ein Zusammenleben erleichtern können. Ein Beispiel dafür sind die christlichen Zehn Gebote. Darin heißt es unter anderem: Du sollst nicht töten! Aus manchen dieser alten religiösen Regeln sind später Gesetze geworden, wie sie heute auch in Deutschland gelten. Manche Menschen finden in ihrer Religion auch den Sinn ihres Lebens, also den Grund dafür, weshalb oder wozu sie auf dieser Welt sind.

Ein Mensch kann sich für eine bestimmte Religion entscheiden oder auch nicht, er kann glauben, was er möchte, solange er es friedlich tut – denn in Deutschland gilt die Religionsfreiheit. Das steht in einem Gesetz und gilt für alle.

Die meisten Menschen in Deutschland gehören diesen Religionen an:

CHRISTEN

Das Christentum ist die Religion, die in Deutschland am weitesten verbreitet ist. Rund 46 Millionen Menschen, also mehr als die Hälfte der Einwohner, sind Mitglied einer christlichen Kirche. Das Wort „Kirche" meint hier nicht das Gebäude, sondern eine Glaubensgemeinschaft, die sich zusammengefunden und organisiert hat. Unser Zusammenleben und viele Bräuche wie Weihnachten oder Ostern gehen auf das Christentum zurück. Das Glaubenssymbol der Christen ist ein Kreuz.
In Süddeutschland sind mehr Menschen katholisch, in Norddeutschland evangelisch. Das hat damit zu tun, dass nach der Abspaltung von der katholischen Kirche vor etwa 500 Jahren viele Fürsten und Könige der nördlicheren deutschen Kleinstaaten das evangelische Christentum als Staatsreligion eingeführt haben. In Süddeutschland hingegen entschieden sich die meisten Landesherren dafür, katholisch zu bleiben.
Aber man muss nicht Mitglied einer Kirche sein, um zu glauben. Ist man es, dann gehört auch das Zahlen von Kirchensteuern dazu. Mit diesem und auch staatlichem Geld können die Kirchen soziale Einrichtungen finanzieren, wie zum Beispiel Kindergärten, Krankenhäuser, Obdachlosenunterkünfte oder auch Hilfsprojekte für arme Menschen in der ganzen Welt. Aber auch um Gotteshäuser zu bauen, brauchen die Kirchen das Geld ihrer Mitglieder.

MUSLIME

Die zweitgrößte Glaubensgruppe nach den Christen sind in Deutschland die etwa fünf Millionen Muslime. Ihre Religion heißt Islam. Ihren Gott nennen sie Allah, ihr Gotteshaus ist die Moschee. Da der Mondkalender im Islam eine wichtige Rolle spielt, ist die Mondsichel das Glaubenssymbol.

BUDDHISTEN

Eine weitere, viel kleinere Religion in Deutschland ist der Buddhismus. Er stammt aus Zentralasien. Etwa 270.000 Menschen glauben in Deutschland an diese Lehre. Sie kennen keinen Gott, sondern glauben daran, dass wir durch Meditation, also eine bestimmte Form von Ruhe und Aufmerksamkeit, die Welt verstehen lernen können.

JUDEN

In Deutschland leben etwa 100.000 Juden. Wie die Christen und auch die Muslime glauben sie nicht an viele Götter, sondern an einen Gott. Ihr Gotteshaus nennen sie Synagoge. Während der Herrschaft der Nationalsozialisten unter Adolf Hitler von 1933 bis 1945 wurden Juden in Deutschland unterdrückt und mehr als sechs Millionen wurden ermordet. Dieses schreckliche Verbrechen wird als Holocaust bezeichnet.

KONFESSIONSLOSE

Etwa 30 Millionen Menschen in Deutschland fühlen sich keiner Religion zugehörig und sind damit eigentlich die zweitgrößte Gruppe nach den Christen. Sie werden konfessionslos oder religionsfrei genannt. Das heißt nicht unbedingt, dass sie nicht an eine höhere Macht glauben, aber auf jeden Fall möchten sie kein Mitglied einer organisierten Glaubensgemeinschaft sein.

HINDUS

Eine weitere Religion aus Asien ist der Hinduismus. In Deutschland glauben etwa 100.000 Menschen daran. Neben dem Christentum und dem Islam ist er die drittgrößte Religion der Welt und stammt ursprünglich aus Indien. Hindus glauben an viele verschiedene Götter und an die Wiedergeburt, also daran, dass man nach dem Tod ein neues Leben in einem anderen Körper beginnt.

KIRCHENAUSTRITTE

In den letzten Jahren sind immer mehr Menschen in Deutschland aus der christlichen Kirche ausgetreten. Manche wollen keine Kirchensteuer bezahlen. Andere sind nicht einverstanden mit bestimmten sehr alten Regeln ihrer Religion.
Bei den Katholiken dürfen Priester zum Beispiel keine Liebesbeziehung haben.
Schwule oder lesbische Paare können in ihrer Kirche meistens nicht heiraten. Darum versuchen manche Menschen ihre Kirche zu modernisieren, damit sie besser in die heutige Zeit passt.

WIE SIEHT'S AUS BEI EUCH ZUHAUS?

Deutschland ist vielfältig – viele Menschen, viele Vorlieben, viele Lebensumstände. Aber was ist typisch? Wurst und Bier auf dem Balkon vielleicht? Oder eher Brötchen und Apfelschorle?

TÜR AUF!

Die Architektur unterscheidet sich je nach Region: Im Süden und auch in der Mitte des Landes stehen besonders in den kleineren Städten Fachwerkhäuser, in den nördlichen Bundesländern findet man hingegen viele Klinkerbauten. Das sind Häuser aus rotem Backstein. In großen Städten wurden neben den älteren Stadthäusern inzwischen auch Hochhäuser gebaut. Die sind längst nicht so hoch wie die riesigen Wolkenkratzer in den USA oder in China, aber immerhin sind sie von Weitem zu sehen.

Je größer die Städte sind, desto mehr Menschen wohnen zur Miete. In Deutschland besitzen etwa 50 Prozent eine eigene Wohnung oder ein eigenes Haus, die andere Hälfte hat Wohnraum gemietet. Das ist im Rest von Europa oft anders: In Spanien zum Beispiel leben fast 80 Prozent der Menschen im eigenen Haus oder der eigenen Wohnung.

Typisch für deutsche Häuser sind Balkone. Dort trinken die Bewohner Tee, plaudern, pflanzen Blumen, grillen … was auch immer. Und – auch ungewöhnlich im Vergleich mit Häusern in anderen Ländern – sehr viele Häuser bei uns haben einen Keller.

WIE SIEHT EIN DEUTSCHER ALLTAG AUS?

Um 7 Uhr morgens ist in Deutschland schon richtig was los auf den Straßen. Schule oder Arbeit beginnen meist ziemlich früh, Straßen, Busse und Bahnen sind schon voll. Dasselbe passiert dann abends wieder etwa ab 17 Uhr. Dann fängt für viele Menschen der Feierabend an.

Kroatien, Dänemark und Deutschland sind die europäischen Länder mit den meisten Urlaubs- und Feiertagen. Jede Menge Zeit also für Hobbys, reisen und … essen …

WAS ESSEN DIE DEUTSCHEN SO?

Was isst du am liebsten? Eines der absoluten Lieblingsgerichte der Deutschen ist: Spaghetti bolognese. Nudeln stehen ohnehin hoch im Kurs, aber auch Pizza, Pfannkuchen, Schnitzel und Wurst kommen bei vielen Menschen oft auf den Tisch.

KÖRNIG, FEIN, FRISCH

Deutschland ist ein Brotland. 3200 verschiedene Brotsorten holen die Bäcker in Deutschland aus ihren Backöfen! Das ist Weltrekord!
Und warum verbrauchen die Deutschen so viel Brot? Anders als in vielen anderen Ländern wird hier abends nicht unbedingt gekocht, sondern es gibt „Abendbrot". Das ist ein Wort, das man auf Englisch zum Beispiel gar nicht direkt übersetzen kann, weil es das einfach nicht gibt. Auf die Brotscheiben und Brötchen legen die meisten dann Käse oder Schinken und Salami.

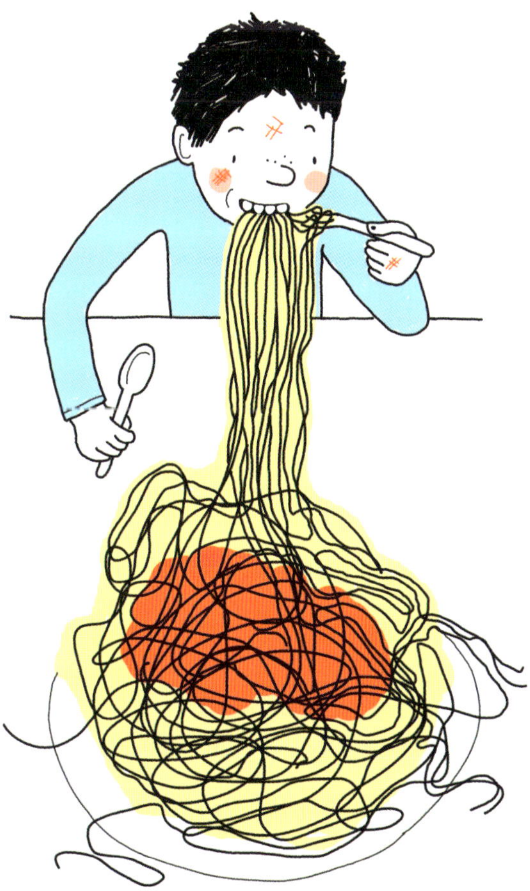

PROST: BIER UND WEIN

Ebenfalls aus Getreide hergestellt wird übrigens das wohl berühmteste deutsche Getränk: Bier. Das wird zwar auch fast überall sonst auf der Welt getrunken, aber die Deutschen trinken wirklich viel davon: Pro Kopf durchschnittlich mehr als 100 Liter in einem Jahr (nur die Tschechen schaffen noch mehr).
Im Süden und in der Mitte Deutschlands gibt es Hügel und Berge, an denen wegen des milden Klimas Weinreben wachsen können. Aus den Weintrauben keltern Winzer dann jedes Jahr neuen Wein (und dann werden Weinfeste gefeiert). Der nördlichste Weinberg Deutschlands steht auf der Nordseeinsel Sylt.

100 Liter pro Jahr

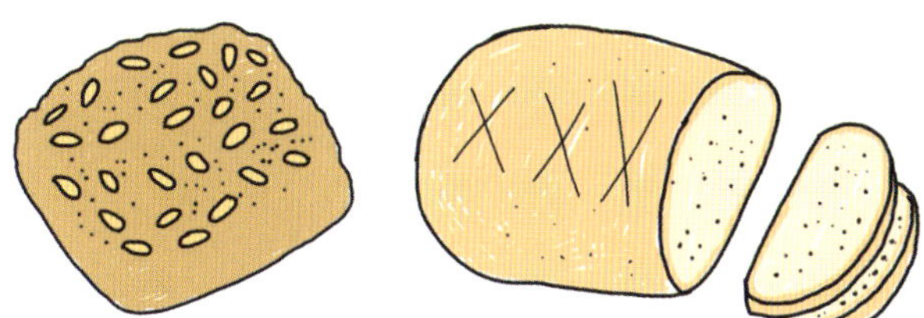

3200 verschiedene Brotsorten

60 Kilo pro Jahr

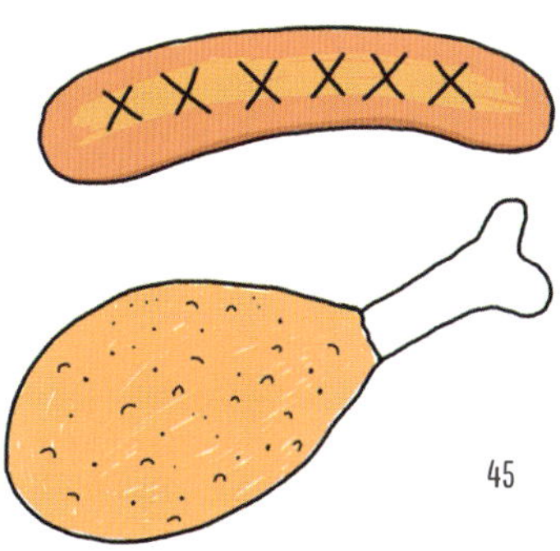

MERKWÜRDIGE MISCHUNG?

Wenn du in den USA oder in Portugal oder in Italien oder oder oder ... versuchst eine Saftschorle zu bestellen, kann das ein Problem werden. Saft mit Mineralwasser zu mischen – das kommt vielen Menschen wirklich seltsam vor. In anderen Ländern wird natürlich auch Wasser getrunken (meist stilles) und Saft gibt es auch, aber warum sollte man das mischen?

NATÜRLICH: KARTOFFELN

Und dann sind da noch die Kartoffeln: Fast 60 Kilogramm davon verspeist jeder von uns durchschnittlich in einem Jahr (ungefähr so viel wiegt ein Schimpanse). Damit ziehen die Deutschen die Erdknolle eindeutig Nudeln (acht Kilo) und Reis (etwa sechs Kilo pro Jahr) vor.

AUS ALLER WELT

Nicht zuletzt, weil in Deutschland viele Menschen aus anderen Ländern leben und ihre Rezepte mitgebracht haben, gibt es in Deutschland immer mehr internationale Gerichte. Dazu gehören italienische Pizza und Pasta, türkische Döner und Lahmacun, indisches Curry, japanisches Sushi, französische Croissants und Baguettes und vieles, vieles mehr.

FLEISCHLOS UND BIO

Fleischgerichte sind noch immer typisch deutsch, doch inzwischen ernähren sich ungefähr sechs Prozent der Menschen hier vegetarisch. Sie essen also kein Fleisch, manche auch keinen Fisch. Entweder weil sie nicht damit einverstanden sind, wie die Tiere gehalten werden, oder weil sie die vegetarische Ernährung gesünder finden oder beides.
Wenn jemand gar keine Produkte von Tieren isst – keine Milch, keine Eier, keinen Honig –, lebt er vegan. Veganer sehen Tiere als gleichwertige Lebewesen an und wollen sie nicht „benutzen".
Immer mehr Menschen in Deutschland kaufen Bio-Lebensmittel. Biologisch angebautes Obst und Gemüse und auch Bio-Fleisch soll weniger Schadstoffe enthalten als sogenannte konventionelle Lebensmittel. Bio-Produkte gibt es inzwischen in jedem Supermarkt. Guten Appetit!

3

ORGANISATION

GRUND
GESETZ
1 EURO
1 EURO
1 EURO
SPORT

POLITIK: WER DARF ENTSCHEIDEN?

Gar nicht so einfach: Wie schafft man es, dass viele Menschen möglichst gerecht, frei und friedlich zusammenleben können?

Das Parlament sitzt im Reichstagsgebäude in Berlin.

WORUM GEHT ES EIGENTLICH?

In jedem Land müssen ständig Entscheidungen gefällt werden. Wo sollen Schulen gebaut werden? Wie viel Abgas dürfen Autos in die Luft blasen? Sollen Soldaten in einem fremden Land kämpfen? Damit sich um die Fragen nicht jeder Bürger kümmern muss, gibt es in fast jedem Land Politiker, die dafür zuständig sind. Der mächtigste Politiker in Deutschland ist die Bundeskanzlerin oder der Bundeskanzler.

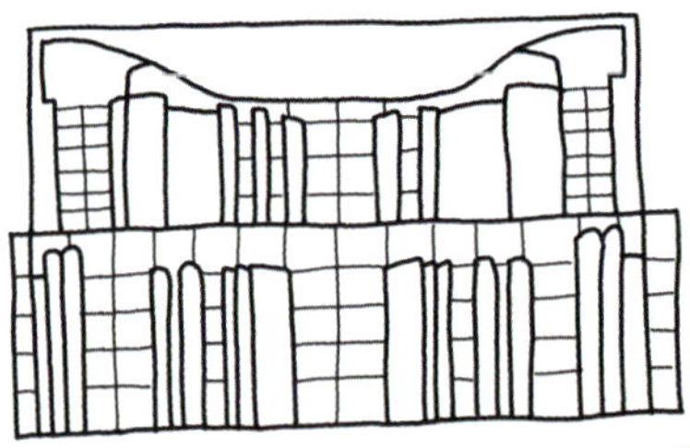

Die Mitarbeiter im Bundeskanzleramt beschaffen alle Informationen, die die Bundeskanzlerin oder der Bundeskanzler für die Arbeit braucht.

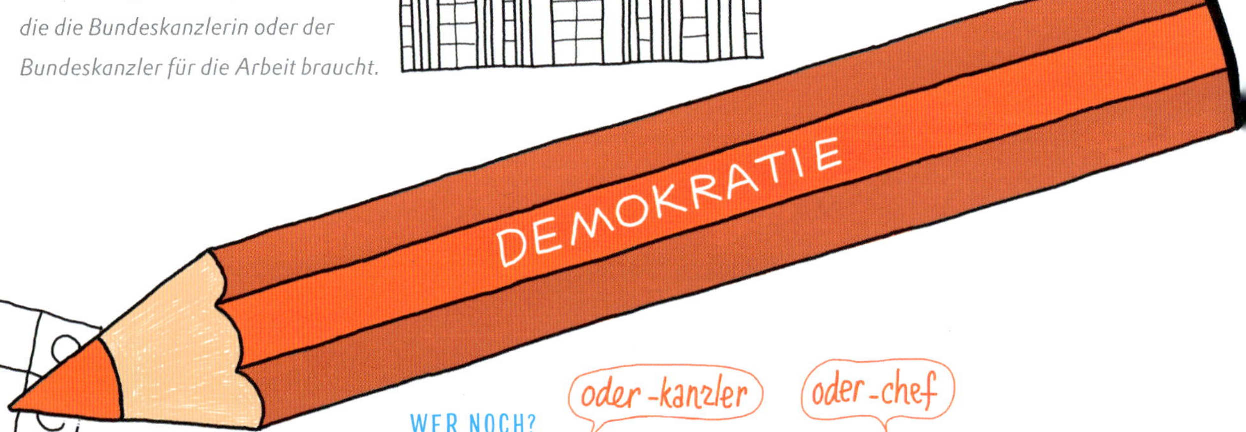

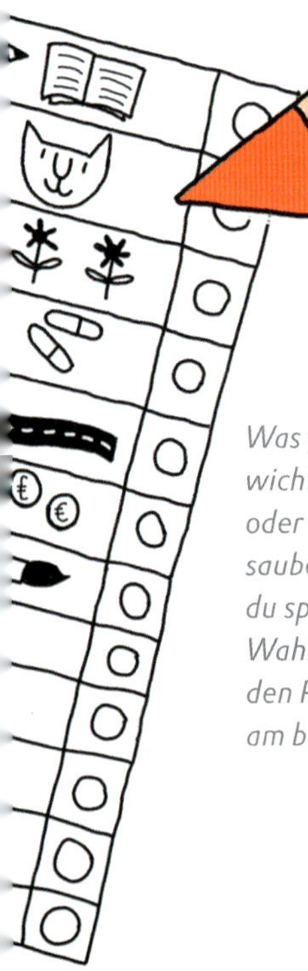

Was findest du besonders wichtig? Tierschutz, Bildung oder vielleicht dass die Autos sauberer werden? Dann kannst du später das Kreuz auf deinem Wahlzettel bei der Partei oder den Politikern machen, die dich am besten vertreten.

WER NOCH?

Die Bundeskanzlerin ist also Regierungschefin. Sie entscheidet jedoch nicht allein, sondern viele andere Politiker reden und bestimmen mit. Stell dir vor, in deiner Schulklasse dürft ihr das Ziel für den nächsten Wandertag festlegen. Wie macht ihr das? Vielleicht schlägt eine Schülerin das Freibad vor, ein anderes Kind den Zoo. Alle diskutieren dann über die Vor- und Nachteile der beiden Orte – und am Ende wird abgestimmt. Das Ziel, das die meisten Stimmen bekommt, gewinnt.

So ähnlich funktioniert auch Politik in Deutschland. Wenn alle Bürger mitbestimmen dürfen, was in ihrem Land passiert, spricht man von Demokratie. Das Wort bedeutet: Herrschaft des Volkes.

VERTRETER WÄHLEN

Theoretisch dürfen also in Deutschland alle Bürger mitentscheiden. Aber jeden vor einer Entscheidung nach seiner Meinung zu fragen, wäre viel zu kompliziert: Immerhin leben in Deutschland über 80 Millionen Menschen. Deshalb wählen die Menschen Politiker, die ihre Interessen vertreten sollen. Alle vier Jahre finden solche Wahlen statt, bei denen erwachsene deutsche Bürger diejenigen Politiker wählen können, die sie bis zur nächsten Wahl vertreten sollen. Diese gewählten Politiker bilden das Parlament, also die „Volksvertretung". Sie sollen dafür sorgen, dass alle Menschen im Land gut und sicher leben können. Dafür treffen sie sich regelmäßig in der Hauptstadt Berlin und diskutieren Probleme. Ein anderer Name für das Parlament ist Deutscher Bundestag. Dort stimmen die Politiker auch über neue Gesetze ab. Zum Beispiel mussten sie vor ein paar Jahren beschließen, ob Eltern Geld dafür bekommen, wenn sie ihre Kinder nicht in den Kindergarten schicken, sondern zu Hause selbst auf sie aufpassen – das sogenannte Betreuungsgeld.

REGIERUNG UND OPPOSITION

Zurzeit gibt es insgesamt 709 Politiker im Bundestag, sie heißen Abgeordnete und gehören verschiedenen Parteien an. In den Parteien sind viele Menschen versammelt, die ungefähr gleiche politische Ideen und Ziele haben. In Deutschland gibt es viele Parteien. Es sind aber nur wenige so bekannt und beliebt, dass ihre Politiker es schaffen, in den Bundestag gewählt zu werden. Die Abgeordneten, die bei einer Wahl über die Hälfte der Stimmen bekommen, bilden die Regierung. Sie dürfen auch bestimmen, wer Bundeskanzler oder Bundeskanzlerin wird. Manchmal müssen sich zwei oder mehr Parteien zusammenschließen, damit sie genug Stimmen für eine Regierung haben. Die Abgeordneten, die gerade nicht an der Regierung sind, nennt man Opposition, was so viel wie „Gegenseite" bedeutet.

PRÜFEN UND DISKUTIEREN

Ein neues Gesetz, wie das zum Betreuungsgeld, muss sich natürlich erst mal jemand ausdenken und aufschreiben. Das machen nicht die Abgeordneten, sondern in der Regel die Mitarbeiter von Bundesministerien, die sich besonders gut in bestimmten Fachgebieten auskennen. Es gibt in Deutschland 14 verschiedene Ministerien, zum Beispiel eins, das für Familie und Kinder zuständig ist. Von dort kam die Idee mit dem Betreuungsgeld. Außerdem haben wir

auch ein Verkehrsministerium, ein Wirtschaftsministerium, ein Ministerium, das für das Ausland zuständig ist, eines für die Umwelt und noch einige mehr. Die Leiter dieser Ministerien heißen Bundesminister, sie sind Mitglieder der Parteien, die gerade regieren.
Wenn ein Minister ein neues Gesetz vorschlägt, wird es erst lange geprüft. Zum Beispiel von Experten im Bundestag und von anderen Ministerien. Danach sitzen die Abgeordneten zusammen und diskutieren über das Gesetz, manchmal streiten sie auch richtig darüber, ob es gut oder schlecht für die Menschen wäre. Die Regierung ist meistens für das Gesetz, weil ihre Minister es ja vorgeschlagen haben. Die Opposition versucht dagegen oft, ein Gesetz zu verhindern. Das Betreuungsgeld fanden die Regierungsparteien zum Beispiel deshalb gut, weil dadurch mehr Eltern Zeit mit ihren Kindern verbringen würden. Die Opposition wollte aber, dass viele Kinder in den Kindergarten gehen, zusammen Spaß haben und beide Eltern arbeiten können.
Am Ende der Diskussionen stimmen die Abgeordneten über das Gesetz ab. Aber auch wenn die meisten der 709 Abgeordneten für das Gesetz stimmen, tritt es noch nicht gleich in Kraft. Vorher muss noch jemand anderes gefragt werden, nämlich der Bundesrat.

16 KLEINE REGIERUNGEN

Im Bundesrat sitzen 69 Politiker aus den 16 deutschen Bundesländern (je nach Einwohnerzahl stellen die Bundesländer zwischen drei und sechs Vertreter im Bundesrat).
Alle erwachsenen Deutschen, die in demselben Bundesland wohnen, wählen nämlich auch eine eigene Landesregierung. Sie trifft Entscheidungen, die nur für ihr Bundesland gelten, zum Beispiel, ob Kinder 12 oder 13 Jahre lang zur Schule gehen sollen. Deshalb sind manche Dinge von Bundesland zu Bundesland unterschiedlich geregelt. Der Chef eines Bundeslandes ist der Ministerpräsident.
Alle 16 Ministerpräsidenten treffen sich ab und zu in Berlin, um im Bundesrat auch über Gesetzesentwürfe des Bundestags abzustimmen – zum Beispiel über das Betreuungsgeld. Wenn dabei die Mehrheit, also mindestens neun Ministerpräsidenten, gegen ein Gesetz ist, dann muss es noch mal überarbeitet und diskutiert werden. Manchmal dauert es deshalb jahrelang, bis ein Gesetz in Kraft tritt. Das Betreuungsgeld wurde im Jahr 2013 nach langen Diskussionen eingeführt.

ANDERS WÄHLEN ODER KLAGEN

Wenn den deutschen Bürgern ein neues Gesetz nicht gefällt, können sie erst mal nicht viel dagegen machen. Sie können aber bei der nächsten Wahl eine andere Partei wählen und damit ihren Ärger ausdrücken. Das ist die Macht des Volkes in der Demokratie.

Und es gibt noch einen anderen Weg, um ein neues Gesetz zu kritisieren: Jeder Bürger kann sich beim Bundesverfassungsgericht beschweren. Das Bundesverfassungsgericht ist das höchste Gericht in Deutschland. Es passt darauf auf, dass die politischen Entscheidungen dem Grundgesetz entsprechen. Im Grundgesetz stehen die wichtigsten Regeln für unsere Demokratie. Wenn die Richter zu dem Ergebnis kommen, dass ein Gesetz gegen das Grundgesetz verstößt, dann verbieten sie es. Beim Betreuungsgeld war das der Fall: Im Jahr 2015 hat das Bundesverfassungsgericht das Gesetz als unzulässig bezeichnet. Die Stadt Hamburg hatte sich vorher beim Gericht über das Betreuungsgeld beschwert. Es wurde als Bundesgesetz wieder abgeschafft und jedes Bundesland kann nun selbst entscheiden, ob es ein Betreuungsgeld zahlt oder nicht. Bayern zum Beispiel tat das bis September 2018 und ersetzte es dann durch ein Familiengeld für alle.

EINMISCHEN!

Du bist unter 18 Jahre alt und darfst deshalb noch nicht wählen – so wie dir geht es etwa 13 Millionen Menschen in Deutschland. In einigen Bundesländern dürfen zwar auch schon Jugendliche ab 16 Jahre wählen, aber nur bei Landtagswahlen. Wie können sich Kinder und Jugendliche trotzdem einmischen?

1. Sammele Unterschriften

Soll in deiner Nachbarschaft eine Bibliothek geschlossen oder aus einem Sportplatz ein Parkplatz gemacht werden? Dann finde Menschen, die wie du dagegen sind, und sammele so viele Unterschriften wie möglich. Die bringst du ins Rathaus – vielleicht denken die Politiker dann noch mal darüber nach.

2. Engagiere dich

Um in eine politische Partei einzutreten, muss man in der Regel mindestens 14 oder 16 Jahre alt sein. Es gibt aber auch Gruppen, die sich für den Tierschutz oder die Umwelt engagieren, bei denen schon jüngere Kinder mitmachen dürfen. Vielleicht findest du an deinem Ort solche Möglichkeiten.

3. Sprich mit deinem Abgeordneten

Jedes Haus in Deutschland gehört zu einem bestimmten Wahlkreis und für jeden der insgesamt 299 Wahlkreise wurde ein Abgeordneter gewählt. Er ist für alle Bürger zuständig ist, die dort wohnen – auch für die Kinder. Ist es im Park immer dreckig? Ist eine Ampel ständig kaputt? Erzähle das deinem Abgeordneten, er sollte sich um solche Probleme kümmern.

VIELE MENSCHEN, EINE GESELLSCHAFT

Stell dir vor, in Deutschland wären alle Frauen 1,75 Meter groß, die Männer 1,85. Alle hätten mittelbraune Haare und mittelbraune Augen. Jeder wüsste, was der andere denkt, glaubt und fühlt, weil all das seinen eigenen Gedanken, dem eigenen Glauben und den eigenen Gefühlen entspräche. Wäre das nicht langweilig und auch ein bisschen unheimlich?

VIELFALT STATT EINFALT

Zum Glück ist es ganz anders. In Deutschland gibt es Menschen, die schon immer hier leben, und es gibt Menschen, die erst vor Kurzem aus anderen Ländern angekommen sind. Es gibt Kinder, junge Leute, ältere Leute und alte Leute. Es gibt kleine und große, blonde und dunkelhaarige Menschen, manche mögen Fußball, manche nicht, manche spielen Klavier oder eben auch nicht. Es gibt Leute mit viel Geld und es gibt Leute mit weniger Geld. Es gibt Menschen, die können nicht sehen, es gibt welche, die können nicht hören, es gibt Menschen, die können nicht laufen und es gibt Menschen, die all das können. Es gibt Menschen, die an Gott glauben oder an Allah oder an etwas anderes oder an nichts. Kurzum: Es leben sehr viele verschiedene Menschen in Deutschland. Sie alle sind gemeint, wenn wir von „der Gesellschaft" sprechen.

DIE GLEICHE CHANCE

All diese unterschiedlichen Menschen haben ganz unterschiedliche Wünsche, Bedürfnisse und Probleme. Trotzdem soll es in Deutschland allen so gut wie möglich gehen. Darum ist im Grundgesetz festgeschrieben, dass niemand wegen seines Geschlechts, seiner Abstammung, Sprache, Herkunft, seines Glaubens oder wegen einer Behinderung benachteiligt werden darf. Das hat Einfluss auf unser Zusammenleben: Wo viele Treppen sind, sollte es zum Beispiel immer auch einen Fahrstuhl oder eine Rampe für Rollstuhlfahrer geben. Oder es sollte genügend Kindergärten geben, sodass jemand auf die Kinder aufpasst, und beide Eltern arbeiten gehen können, wenn sie das wollen. Überhaupt ist die Chancengleichheit wichtig – auch in der Schule: Jedes Kind sollte die Möglichkeit haben, eine gute Bildung zu erhalten, egal wo es herkommt oder wie viel die Eltern verdienen. Darum kostet der Schulbesuch in Deutschland kein Geld.

Meinungsfreiheit ist auch ein Grundrecht. Aber man darf niemanden beleidigen.

KLAPPT DAS?

In den vorherigen Zeilen steht oft das Wort „sollte". Es ist nämlich nicht immer ganz einfach, dafür zu sorgen, dass es allen möglichst gut geht. Dabei helfen Gesetze. Sie legen fest, was Menschen dürfen und was nicht: In Deutschland darf zum Beispiel jeder frei entscheiden, welcher Religion er angehören will. Andere Menschen beleidigen oder verletzen darf man aber zum Beispiel nicht. Außerdem gibt es Gesetze, in denen steht, worauf die Menschen ein Recht haben, etwa auf Hilfe vom Staat, wenn sie keine Arbeit finden.

DAZUGEHÖREN

In der Gesellschaft gibt es mehr Menschen ohne Behinderung als Menschen mit Behinderung. Dennoch sollen Menschen mit Behinderung dazugehören und die gleichen Chancen haben wie alle anderen. Das wird zum Beispiel durch eine besondere Betreuung ermöglicht oder durch besondere Hilfsmittel wie etwa kleine Computer, die blinden Menschen vorlesen.
Durch diese Unterstützung sollen verschiedene Menschen gemeinsam spielen, lernen oder arbeiten können. Das nennt man Integration. Sie ist immer dann wichtig, wenn eine kleinere oder eine neue Gruppe von Menschen ein gleichberechtigter Teil der Gesellschaft werden soll.

ARTIKEL 1

Die Würde des Menschen ist unantastbar. Das gilt für alle Menschen in Deutschland.

Das Grundgesetz hat 146 Artikel. Dazu gehören zum Beispiel:

ARTIKEL 5

Jeder hat das Recht, seine Meinung frei zu äußern.

ARTIKEL 10

Das Briefgeheimnis sowie das Post- und Fernmeldegeheimnis sind unverletzlich.

Konrad Adenauer
1876 - 1967
Politiker

Das Grundgesetz trat am 23. Mai 1949 in Kraft. Bundeskanzler war damals Konrad Adenauer.

Im Grundgesetz stehen die Grundlagen der Rechtsprechung. Aber es gibt noch Tausende anderer Gesetze, die alle möglichen Bereiche regeln: Verkehr, Wohnen, Schutz von Kindern und und und …

In Deutschland gilt die Gewaltenteilung: das Erlassen von Gesetzen, die Kontrolle, ob sie eingehalten werden und das Urteilen darüber muss aufgeteilt sein. Dafür sorgen unter anderem Politiker, Polizisten und Richter.

BILDUNG: ALLES VERSTANDEN?

Aufstehen, anziehen, frühstücken, Brotdose in die Schultasche stecken und lossausen – so ungefähr beginnt für alle Schulkinder in Deutschland ein Wochentag.

GLEICHE CHANCEN

Seit ungefähr 100 Jahren gibt es bei uns die Schulpflicht und das bedeutet, dass alle Kinder in die Schule gehen müssen – oder sagen wir besser: dürfen! Ob aber ein Kind in Bayern oder in Schleswig-Holstein zur Schule geht, ist ein Unterschied, denn jedes Bundesland darf in einem bestimmten Rahmen eigene Regeln dafür aufstellen, wie seine Bewohner ausgebildet werden.

ALLE IN DIE GRUNDSCHULE

In den meisten Teilen Deutschlands endet die Grundschule nach der vierten Klasse. Nur in Berlin und Brandenburg dauert sie sechs Jahre. Ist die Grundschule vorbei, entscheiden entweder die Lehrer, ob ein Kind danach ein Gymnasium besuchen kann, oder – so ist es in vielen Bundesländern – die Eltern treffen die Entscheidung, auf welche weiterführende Schule ihr Kind gehen soll.

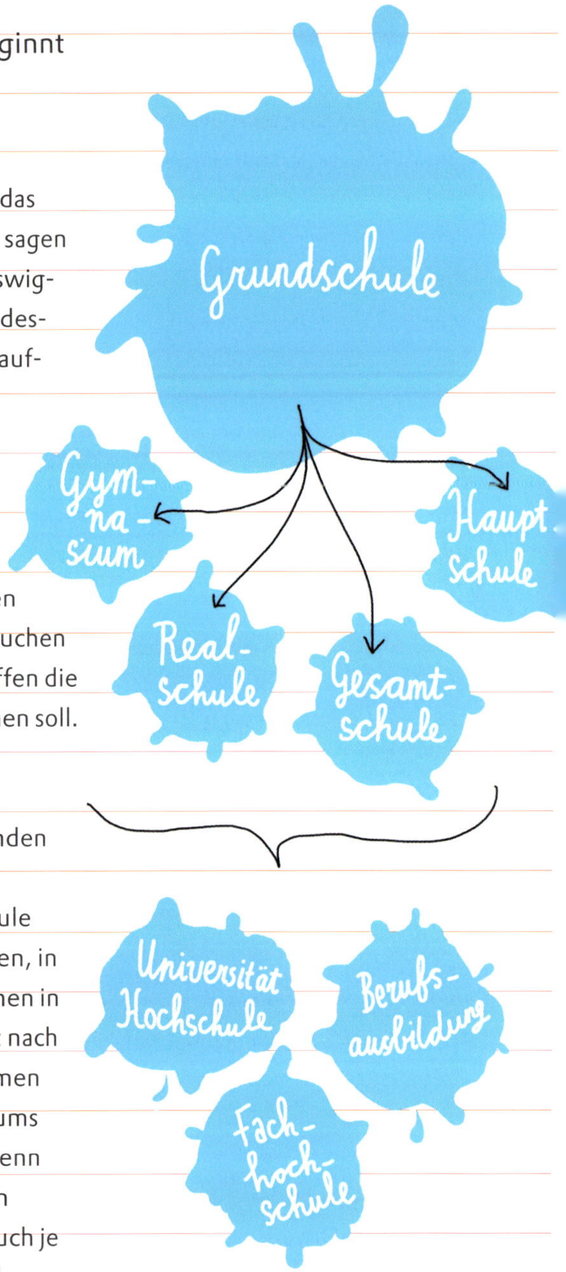

UND DANN?

Gymnasien gibt es überall, aber für die anderen weiterführenden Schulen hat fast jedes Bundesland einen eigenen Namen. In Baden-Württemberg können die Schüler nach der Grundschule zum Beispiel die Realschule oder die Werkrealschule besuchen, in Brandenburg eine Oberschule, in Bremen auch – oder sie gehen in eine Werkschule – und so weiter. Diese Schulen enden meist nach der 10. Klasse. Kinder, die besondere Unterstützung bekommen sollen, gehen auf Förderschulen. Der Besuch eines Gymnasiums endet nach der 12. oder 13. Klasse, dann hat der Schüler – wenn alles einigermaßen klappt – das Abitur in der Tasche. In vielen Bundesländern gibt es außerdem Gesamtschulen (die aber auch je nach Bundesland anders heißen können), in denen verschiedene weiterführende Schulen vereint sind.

Auch wenn die Schulen in Deutschland unterschiedliche Namen haben, die Abschlüsse heißen überall gleich: Abitur, Fachhochschulreife, mittlerer Schulabschluss und Hauptschulabschluss.

Mit dem höchsten Abschluss, dem Abitur, kann man an einer Universität oder Hochschule studieren – überall in Deutschland und auch in vielen anderen Ländern. Die Fachhochschulreife ist der zweithöchste Abschluss, mit ihm hat man Zugang zum Studium an einer Fachhochschule. Wer nicht studieren möchte, kann nach der Schule eine Berufsausbildung machen, um zum Beispiel Köchin, Tischler, Schornsteinfegerin, Gärtner oder oder oder … zu werden. Einen Teil der Ausbildung verbringt man dabei in einer Berufsschule, den größten Teil jedoch in dem Betrieb, den man sich ausgesucht hat. Ob Studium oder Ausbildung: In Deutschland ist man ganz schön viele Jahre mit dem Lernen beschäftigt, bis man schließlich anfängt zu arbeiten.

ANDERS LERNEN: PRIVATSCHULEN

Manche Schulen in Deutschland sind nicht von den Bundesländern organisiert. Bei diesen Privatschulen wird oft auf etwas andere Weise unterrichtet als in den staatlichen Schulen, dafür müssen die Eltern meistens Schulgeld bezahlen. Die Waldorfschule ist eine solche Privatschule. Sie hat unter anderem die Besonderheit, dass es bis zur achten Klasse keine Noten gibt und der Unterricht ist anders gestaltet: Neben den klassischen Fächern wie Mathematik, Geschichte und Physik gibt es zum Beispiel Gartenbau, Tanzen und Technik.

IN DEUTSCHLAND GIBT ES ETWA:

11 Millionen Schüler und
807.300 Lehrer in
15.500 Grundschulen
3700 Schulen mit mehreren Bildungsgängen, z.B. Gesamtschulen
1800 Gymnasien
2900 Förderschulen
2600 Hauptschulen
2000 Realschulen

FERTIG?

Jeder, der möchte, kann noch lange weiterlernen. Zum Beispiel indem man Italienisch- oder Chinesischunterricht an der Volkshochschule nimmt oder Kurse in Geschichte, Philosophie und anderen Fächern besucht. Einige Menschen gehen sogar erst in die Universität, wenn sie nicht mehr arbeiten müssen und wieder viel Zeit haben – einfach so, weil ihnen Lernen Spaß macht.

WER BEZAHLT DAS ALLES?

Im Grundgesetz steht, dass die schulische Ausbildung für jeden kostenlos sein muss. Das Geld für die Schulen und die Lehrer zahlen die Bundesländer zum größten Teil von den Steuern der Einwohner. Für Kindergärten müssen dagegen die Eltern oft Gebühren bezahlen. Und auch manche Universitäten kosten seit einiger Zeit Geld. Mit den Angeboten, die man als Erwachsener nutzen kann, hat der Staat meist nichts mehr zu tun. Viele Weiterbildungskurse werden privat angeboten – und auch privat von den Menschen bezahlt.

WIRTSCHAFT: WAS IST DAS ÜBERHAUPT?

Geld spielt in unserer Gesellschaft eine große Rolle.
Kaufen und verkaufen – was hat es damit auf sich?

WIRTSCHAFT

Wenn Karl zu einem Bäcker geht, um sich eine Brezel zu kaufen, dann ist dieser Einkauf ein Teil der Wirtschaft. Auch Gertrud, die Backstuben-Besitzerin, gehört dazu, denn Wirtschaft ist alles, was mit Kaufen und Verkaufen zu tun hat, aber auch mit Herstellung von Waren und mit Arbeiten. Firmen, die Autos oder Medikamente oder Handtücher produzieren, gehören dazu, aber auch alle Menschen, die etwas anbieten, was man nicht anfassen kann. Zum Beispiel Friseure, Lehrer oder Krankenschwestern. Auch diese sogenannten Dienstleistungen gehören zur Wirtschaft – denn sie sorgen dafür, dass Geld „fließt", also ausgegeben und eingenommen wird.

KAUFEN UND VERKAUFEN: DIE MARKTWIRTSCHAFT

In Deutschland kann eine Bäckerin oder der Friseur selbst bestimmen, wie viel eine Brezel oder ein Haarschnitt kosten soll. Wenn die Brezel zum Beispiel 1 Euro kostet, gibt Karl der Gertrud das Geld und darf dann die Brezel essen. Wahrscheinlich würde Gertrud lieber 10 Euro verlangen, aber das macht sie nicht, weil Karl sonst zu einem anderen Bäcker gehen würde. Der Preis einer Ware richtet sich also nicht nur nach dem Wunsch des Verkäufers, sondern auch danach, was der Kunde dafür bezahlen würde. Dieses System, in dem der Anbieter einer Ware oder einer Dienstleistung den Preis selbst festlegt, nennt man Marktwirtschaft.

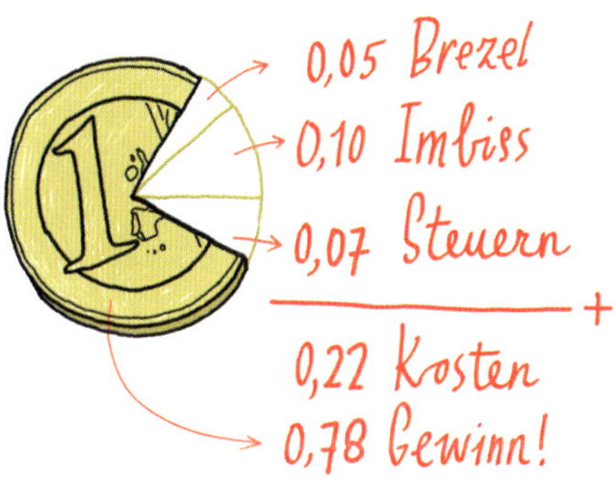

DER STAAT UND DIE STEUERN

Das Geld, das Karl für seine Brezel bezahlt hat, kann Gertrud übrigens nicht komplett behalten. Einen Teil davon muss sie an den Staat abgeben. Man nennt diese Abgaben Steuern. Alle Menschen, die in Deutschland leben, zahlen Steuern von dem Geld, das sie bei ihrer Arbeit verdienen, aber auch wenn sie anderes Geld einnehmen – zum Beispiel, wenn sie ihr Auto verkaufen oder Geld erben. Firmen müssen ebenfalls Steuern zahlen. Der Staat braucht dieses Geld, um zum Beispiel kaputte Straßen zu reparieren oder neue Schulen und Spielplätze zu bauen. Er bezahlt mit den Steuern auch die Polizei, die Politiker und vieles mehr.

WIRTSCHAFTSWACHSTUM

Viele Unternehmer und die meisten Politiker sagen, es geht der Wirtschaft dann gut, wenn sie wächst. Die Wirtschaft wächst, wenn viele Unternehmen eines Landes mehr Produkte, also zum Beispiel mehr Backwaren, herstellen und verkaufen als in dem Jahr davor. Es heißt dann, dass das Land „reicher" geworden ist, weil mehr Geld eingenommen wurde und auch der Staat mehr Steuern erhalten hat. Experten nennen die Zahl, die diesen Reichtum benennt, Bruttoinlandsprodukt oder auch einfach BIP. Es ist der Messwert für alle Produkte und Dienstleistungen, die in einem Land im Jahr hergestellt oder geleistet wurden. Je höher das BIP ist, desto besser geht es dem Land. Ob es unbedingt nötig und gut ist, dass ein Land immer reicher wird und die Menschen immer mehr kaufen, darüber sind sich jedoch nicht alle einig.

Deutschland ist gemessen am BIP zurzeit die größte Wirtschaft in Europa und die viertgrößte der ganzen Welt (nach den USA, China und Japan). Das meiste Geld wird in Deutschland mit Dienstleistungen verdient, zum Beispiel im Handel oder im Gesundheitsbereich. Auch die Herstellung von Produkten bringt Deutschland viel Geld, besonders die von Autos, Maschinen oder chemischen Produkten. Die größten deutschen Unternehmen sind die beiden Autohersteller Volkswagen und Daimler. In anderen Ländern spielt die Landwirtschaft noch eine große Rolle, doch bei uns nicht so sehr. Auch der Abbau von Rohstoffen ist für uns nicht wichtig, da in Deutschland, anders als etwa in Russland, kaum Erdöl oder Metalle vorkommen, die für die Herstellung vieler Waren gebraucht werden.

GLOBALISIERUNG

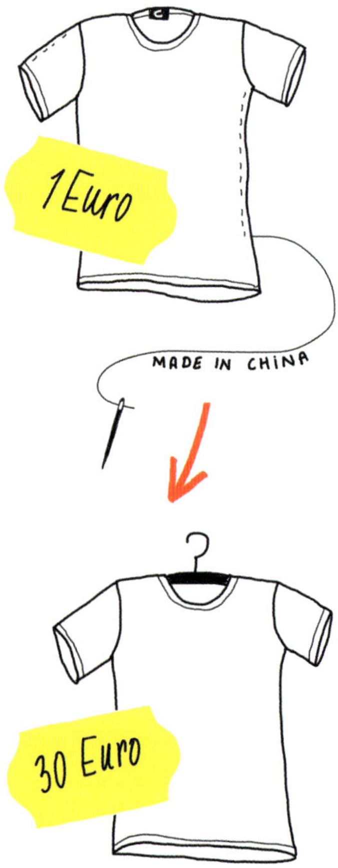

Vieles von dem, was wir kaufen und benutzen, wird nicht in Deutschland hergestellt, sondern in fernen Ländern. Auf den meisten der kleinen Zettel in unseren T-Shirts steht „Made in China", „Made in Bangladesh" oder „Made in Vietnam". Viele Firmen lassen in diesen Ländern Kleidung produzieren, weil diese Länder ärmer sind und die Menschen dort für viel weniger Geld arbeiten. Wenn sie an den Herstellungskosten sparen, können die Firmen ihre Waren in Deutschland dann oft günstiger anbieten und mehr daran verdienen. Dass viele Länder auf diese Weise zusammenarbeiten, nennt man Globalisierung. Viele Menschen kritisieren die Globalisierung, weil es noch nicht genug Regeln für die Zusammenarbeit gibt. Es müsste zum Beispiel sichergestellt werden, dass die Menschen in China unter guten Bedingungen arbeiten, dass sie keine Kinder mehr sind und fair bezahlt werden. Auch gehen Arbeitsplätze in Deutschland verloren, wenn die Produkte woanders produziert werden.

Also: Wer mit wem Geschäfte macht, welche Waren wo, zu welchem Preis und nach welchen Regeln produziert und verkauft werden, welche Dienstleistungen angeboten und welche in Anspruch genommen werden – all das ist Wirtschaft. Sie spielt in jedem Land eine große Rolle, denn davon hängt auch ab, wie gut es den Menschen geht.

4

BUNDESLÄNDER

BREMEN
HO LA DA it-ti JO

BADEN-WÜRTTEMBERG

Die weißen Strohhüte mit den Bollen aus Wolle wiegen etwas mehr als zwei Kilo!

1 Mannheim
2 Heidelberg
Heidelberger Schloss
3 Heilbronn
4 Neckar
5 Karlsruhe
6 Pforzheim
7 Stuttgart
8 Schwarzwald
9 Rhein
10 Reutlingen
11 Burg Hohenzollern
12 Freiburg
13 Ulm
14 Donau
15 Friedrichshafen
16 Bodensee
17 Feldberg

Größe: 35.748 km², drittgrößtes Bundesland

Einwohner: etwa 11 Mio.

Landeshauptstadt: Stuttgart, etwa 630.000 Einwohner

Besonderheiten: Zur Fasnacht, so heißt hier der Karneval, tragen die Menschen gruselige Masken.

Spezialitäten: Spätzle (das bedeutet eigentlich „Kleiner Spatz"), Maultaschen (Nudel-Spezialität)

In Baden-Württemberg ist es warm und sonnig (jedenfalls wärmer und sonniger als in vielen anderen Gebieten Deutschlands). Im Westen grenzt das große Bundesland an Frankreich, im Süden an die Schweiz. Ganz im Südosten liegt der größte See Deutschlands: der Bodensee. Er ist so groß, dass die Landeshauptstadt Stuttgart problemlos zweimal hineinpassen würde.

LAND UND LEUTE

Weil der Bodensee so groß ist, wird er auch das „Schwäbische Meer" genannt, aber nur weil man ihn so nennt, ist er natürlich trotzdem kein Meer. Vor rund 200 Millionen Jahren bedeckte allerdings ein echtes Meer das Land: Im Jurameer paddelten bis zu 14 Meter lange Plesiosaurier und Krokodilsaurier machten Jagd auf Fische. Die ehemaligen Meeresriffe bilden heute ein ziemlich durchlöchertes Mittelgebirge: Die Schwäbische Alb ist voller unterirdischer Gänge, Seen, Hallen und Tropfsteinhöhlen.

In anderen Gegenden wie dem Kraichgau im Nordwesten und dem Heckengäu westlich von Stuttgart ist das Land sanft geschwungen. Auf einigen der Hügel wachsen Weinstöcke. Sogar mitten in Stuttgart wird Wein angebaut, denn Stuttgart liegt in einem Tal und die Weinreben gedeihen gut an den sonnigen, windstillen Hängen. Viele Menschen stöhnen allerdings, wenn es unten in der Stadt mal wieder „dämpfig isch", also schwül. Gesprochen wird in „Schduegert" (Stuttgart) Schwäbisch. Im „Ländle", wie die Einwohner ihr Bundesland nennen, werden aber noch andere Dialekte „g'schwätzt", Alemannisch zum Beispiel.

Das hügelige Heckengäu mit seinen Obstbäumen, kleinen Äckern und Wiesen wird Richtung Süden bald rauer und bergiger. Hier beginnt der Schwarzwald, das größte Mittelgebirge Deutschlands. Der höchste Berg, der Feldberg, ist 1493 Meter hoch.
Dichte Nadelwälder bedecken große Teile des Schwarzwalds. Durch Wiesen und über Felsen plätschern klare Bäche ins Tal.

Die Badener und die Schwaben, die in verschiedenen Teilen des Landes (und des Schwarzwalds) leben, reißen gern Witze übereinander. Die Badener über den angeblichen Geiz der Schwaben und die Schwaben über die angebliche Selbstverliebtheit der Badener. Immer wieder tauchen neue Witze auf – Badener und Schwaben haben dazu jede Menge neue Ideen. Dazu passt, dass alle Baden-Württemberger sehr einfallsreich sein sollen.

Bienenfresser

Der bunte Bienenfresser fühlt sich im sonnigen Oberrheingraben wohl. Durch die von Mittelgebirgen umrahmte Tiefebene fließt der Rhein. Der längste Fluss des Bundeslands strömt hier über einen Boden, der manchmal ganz leicht bebt, weil hier einst die Erdkruste durch die Bewegung

der Erdplatten eingebrochen und daher heute besonders dünn ist. Als das vor Millionen von Jahren geschah, ging es hier wilder zu: Da spuckten Vulkane glühende Lava aus dem Inneren der Erde. So entstand zum Beispiel das Mittelgebirge Kaiserstuhl. Von einer anderen starken Kraft wurden das Keuperbergland und die Schwäbische Alb geformt: von Wasser.
In der Schwäbischen Alb hat sich in Tausenden von Jahren Regenwasser in den Kalkstein der ehemaligen Meeresriffe gefressen und den Fels ausgehöhlt. In der Steinzeit vor 20.000 Jahren schnarchte in den Höhlen zum Beispiel der Höhlenbär, eine ausgestorbene Bärenart.

Bärenhöhle

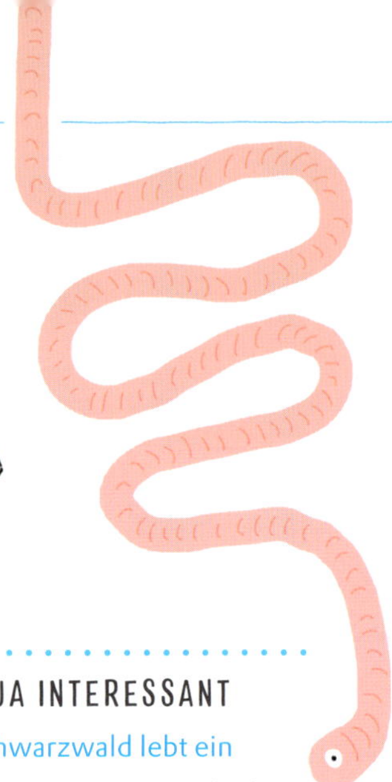

DAS IST JA INTERESSANT

Nur im Schwarzwald lebt ein besonderer Wurm: der Badische Riesenregenwurm. Er ist doppelt so lang wie ein DIN-A4-Blatt – 60 Zentimeter.

Kuckucksuhren aus dem Schwarzwald sind weltberühmt.

DIE GESCHICHTE

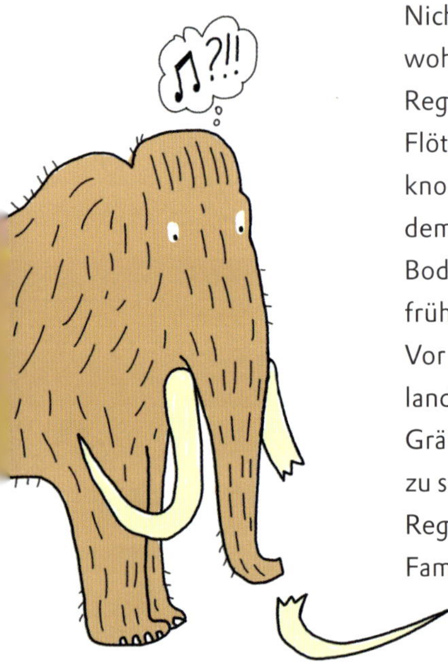

Nicht nur Höhlenbären fühlten sich im heutigen Baden-Württemberg wohl, sondern auch die ersten Menschen. Immerhin wurden in der Region die ältesten Musikinstrumente der Welt gefunden. Die drei Flöten sind rund 40.000 Jahre alt. Eine besteht aus einem Schwanenknochen, eine aus dem Knochen eines Geiers und eine wurde aus dem Stoßzahn eines Mammuts geschnitzt. Am fruchtbaren Ufer des Bodensees entstanden am Ende der Steinzeit vor rund 6000 Jahren frühe menschliche Siedlungen.
Vor 2000 Jahren eroberten die Römer Teile des heutigen Bundeslands. Sie errichteten den Limes – eine Grenze aus Holzpfählen, Gräben und Wachtürmen, von der heute noch einige Überreste zu sehen sind. Nachdem die Römer im 5. Jahrhundert aus der Region vertrieben wurden, herrschten verschiedene adelige Familien jeweils über Teile des Landes.

Im Mittelalter waren viele Menschen in Baden-Württemberg sehr arm. Im Schwarzwald spalteten Köhler Holz, schichteten es auf und ließen es so lange schwelen, bis daraus Holzkohle entstanden war. Es war eine schwere und schlecht bezahlte Arbeit. Mit der Kohle wurden die Öfen der Schwarzwälder Glashütten angeheizt, um darin Quarzsand zu Glas zu schmelzen.

Glas war im Mittelalter sehr wertvoll.

Vor rund 250 Jahren wollte Katharina II., Kaiserin von Russland, Siedler in ihr Reich locken und machte deshalb ein Angebot: Sie lud jeden ein, in Russland Land zu bebauen – ohne dafür Geld an den Adel bezahlen zu müssen. Viele arme Menschen verkauften alles, was sie hatten, um die lange und gefährliche Reise auf sich zu nehmen. Als sie endlich ankamen, war die Enttäuschung groß, denn das Land, das sie bebauen sollten, war eine Wildnis.

1871 wurden die Länder Württemberg, Baden und die ehemaligen Fürstentümer der Hohenzollern Teil des Deutschen Kaiserreichs. Nach dem Zweiten Weltkrieg stimmten die Einwohner 1952 darüber ab, ob die Länder künftig ein gemeinsames Bundesland bilden sollten. Die Mehrheit war dafür. Das war die Geburtsstunde von Baden-Württemberg.

EINIGE BERÜHMTE BADEN-WÜRTTEMBERGER

Carl Benz und Gottlieb Daimler bauten unabhängig voneinander 1886 zum ersten Mal einen Benzinmotor in Kutschen ein. Motorkutschen waren also die ersten Autos der Welt.

Der Eisfabrikant Dario Fontanella wurde 1952 in Mannheim geboren. 1969 erfand er dort das Spaghetti-Eis.

Albert Einstein, 1879 in Ulm geboren, war einer der berühmtesten Physiker der Welt.

Joachim Löw, genannt Jogi Löw, ist der Trainer der deutschen Fußballnationalmannschaft. Mit ihm hat sie 2014 die Fußballweltmeisterschaft gewonnen.

Die Liste der berühmten Baden-Württemberger ist lang, dazu gehören unter anderen: Wolfgang Schäuble (Politiker), Jürgen Klopp (Fußballtrainer), Cro (Musiker), Sophie und Hans Scholl (Widerstandskämpfer im Nationalsozialismus), Roland Emmerich (Regisseur).

DIE WIRTSCHAFT

Millionen Besucher verbringen jedes Jahr ihre Ferien in Baden-Württemberg. Das „Ländle" ist nach Bayern das zweitbeliebteste Reiseland der Bundesrepublik und viele Bewohner arbeiten im Tourismus-Bereich.

Rund um Stuttgart gibt es aber auch eine Menge Fabriken. Hier werden zum Beispiel Maschinen und Motorsägen hergestellt, vor allem aber Autos! Baden-Württemberg ist also ein Reise- und ein Autoland. Und: Hier werden die meisten Erfindungen in ganz Deutschland gemacht. Auto, Dübel, die Dauerwelle und Alleskleber gehören dazu.

Das einst arme „Ländle", in dem Menschen immer wieder hungerten, ist reich geworden – die Menschen in Süddeutschland verdienen im Durchschnitt recht gut und die Arbeitslosigkeit ist vergleichsweise niedrig.

1 Main
2 Würzburg
3 Fichtelgebirge
4 Nürnberg
5 Bayerischer Wald
6 Regensburg
7 Hopfenanbaugebiet Hallertau
8 Donau
9 Augsburg
10 Nymphenburg
11 München
12 Chiemsee
13 Tegernsee
14 Starnberger See
15 Bodensee
16 Alpen
17 Zugspitze
18 Neuschwanstein

Größe: 70.542 km²

Einwohner: etwa 13 Mio.

Landeshauptstadt: München, etwa 1,5 Mio. Einwohner

Besonderheiten: Der an die Hüte gesteckte Gamsbart ist ein wichtiger Teil der bayerischen Tracht. Er besteht aus Rückenhaaren einer Gams. Besonders prächtige Gamsbärte kosten mehrere Tausend Euro.

Spezialitäten: Die Weißwurst wurde wohl in Bayern erfunden und gehört zusammen mit der Brezen und dem süßen Senf zu den bekanntesten Gerichten Bayerns.

Könnte man Bayern wie einen Teppich fünfmal nebeneinanderlegen, wäre er so groß wie die ganze Bundesrepublik. Bayern ist das größte Bundesland, es hat den höchsten Berg und die erfolgreichste Fußballmannschaft. Bayern liegt im Süden Deutschlands, es grenzt an Österreich und Tschechien, und es war lange Zeit ein Königreich.

LAND UND LEUTE

In Bayern gibt es reichlich Berge, Seen, Moore, große Höhlen und Wälder. Der Bayerische Wald gehört als Teil des Mittelgebirges Böhmerwald zum größten Wald Europas. Außerdem ist das Bundesland geradezu übersät von Burgen, von verschnörkelten Kirchen und von Schlössern. Das Königsschloss Nymphenburg in der Landeshauptstadt München ist prächtig, das weltweit berühmteste Schloss aber ist Neuschwanstein.

König Ludwig II. ließ Schloss Neuschwanstein im 19. Jahrhundert bauen, weil er in einer Märchenritterburg wohnen wollte.

Rund 1,5 Millionen Besucher besichtigen es jedes Jahr. Sie kommen aus aller Welt und einige erwarten vielleicht, dort Bayern in Lederhosen und Dirndln zu begegnen. Die gelten als typisch bayerisch und tatsächlich tragen recht viele Bayern diese Mode aus früherer Zeit – manche im Alltag, aber vor allem zu besonderen Festtagen werden die Trachten aus dem Schrank geholt. Etwa zur Kirchweih (dann feiern die Bewohner eines Ortes den Tag, an dem ihre Kirche eingeweiht wurde), zu Geburtstagen und Hochzeiten werden Dirndl oder Lederhosen angezogen.

In den Trachten wird bei Volksfesten auch getanzt. Junge und Alte wirbeln zu Klängen von Trompeten und anderen Blasinstrumenten über die Tanzfläche. Volksmusik ist den Bayern wichtig. Sie wurde jahrhundertelang von Generation zu Generation weitergegeben, oft ohne aufgeschrieben zu werden.

In den Alpen und im Bayerischen Wald leben seltene Tiere und Pflanzen. Der Eisvogel ist zum Beispiel in den Auen am Main, dem längsten Fluss des Bundeslands, zu Hause. Gefährdete Pflanzen wachsen in den Moorlandschaften des Mittelgebirges Rhön. Luchse und Wildkatzen jagen im Bayerischen Wald. Das Mittelgebirge im Osten des Bundeslands ist auch die Heimat des Auerhahns und der Auerhenne, den größten Hühnervögeln Europas, die kaum noch in Deutschland zu finden sind.
In den Alpen warnen Murmeltiere einander mit lautem Pfeifen vor Gefahren und die Gämse klettern über Felsen.

Eisvogel

Edelweiß

Die Bayern wirken oft sehr selbstbewusst. Mit dem Spruch „mia san mia" (das ist Bayerisch und bedeutet „wir sind wir") drücken sie ihr Gefühl aus, etwas ganz Eigenes zu sein – nämlich zuallererst Bayern. Aber in Bayern leben auch Franken und Schwaben – und für manche von ihnen ist es nicht ganz einfach, ihren Platz neben den Bayern zu behaupten.

DAS IST JA INTERESSANT

In München wird das größte Volksfest der Welt gefeiert, das Oktoberfest – jedes Jahr besuchen es mehr als 6 Millionen Menschen aus aller Welt.

Bayern hatte einen besonderen urzeitlichen Einwohner: den Archäopteryx. Nirgendwo sonst wurden Spuren des Urvogels gefunden.

Der Nürnberger Christkindlmarkt ist weltberühmt. Schon seit dem 17. Jahrhundert findet der Weihnachtsmarkt statt.

Archäopteryx

In Augsburg steht eine Statue des römischen Kaisers Augustus. Er gründete die Stadt im Jahr 15 n. Chr.

DIE GESCHICHTE

In der römischen Kaiserzeit kurz vor und in den ersten Jahrhunderten nach Christus Geburt gehörte ein Teil des heutigen Bayerns zum Römischen Reich. Schon damals gab es Handelsstraßen, die über die Alpen führten. Auf ihnen zogen Händler aus Italien durch die Region, vorbei an den Kastellen, in denen Feldherren und Soldaten lebten, bis in die römische Handelsstadt Augsburg. Einige der römischen Kastelle entwickelten sich im Laufe der Jahrhunderte zu großen Städten. Zu ihnen gehört Regensburg.

Im späten 15. und frühen 16. Jahrhundert war Nürnberg ein wichtiges Handelszentrum. Dort verkauften die Händler Muskat, Anis, Koriander und viele andere wertvolle Gewürze aus fernen Ländern. Die Lebküchner Nürnbergs backten daraus eine Spezialität, den Nürnberger Lebkuchen – eine Delikatesse, die sich nur Reiche leisten konnten. Reich waren in dieser Zeit vor allem die Adeligen, die über das Land herrschten, denn sie verlangten von den Händlern Geld, damit diese durch ihr Gebiet reisen durften. Eine der Mautstellen war die Stadt Burghausen. Hier steht noch heute die mit 1051 Metern längste Burg der Welt.

Hunderte Jahre später wurde ein Herrscher in Frankreich immer mächtiger: Napoleon. Im Jahr 1805 verbündete sich der bayerische Herzog Maximilian IV. mit dem frisch gekrönten Kaiser der Franzosen. Ein Jahr später erhob Napoleon Bayern zum Königreich. Die bayerischen Könige ließen nun Schlösser bauen – um dort selbst zu wohnen oder manchmal auch, um sie zu verschenken.
Nach dem Ersten Weltkrieg wollten die Menschen in Bayern nicht mehr von einem König regiert werden, in einer Rebellion stürzten sie ihn vom Thron. Bayern wurde ein Freistaat, damit ist ein Staat gemeint, der nicht von einem König regiert wird. Und Freistaat nennt sich Bayern noch heute, obwohl der Zusatz inzwischen eigentlich überflüssig ist.

DIE WIRTSCHAFT

Bayern ist ein reiches Land, viele Menschen haben Arbeit. Sie entwickeln zum Beispiel neue Technologien oder sind in der Autoproduktion beschäftigt. Natürlich werden auch immer noch Nürnberger Lebkuchen verkauft, wichtiger für die Wirtschaft aber ist Milch: Bayerische Bauern halten fast 1,2 Millionen Milchkühe.
Bier trinken viele Bayern gern, und so passt es ganz gut, dass es hier das größte Gebiet der Welt gibt, in dem der zum Bierbrauen nötige Hopfen angebaut wird.
Und weil mehr Menschen ihren Urlaub in Bayern verbringen als in jedem anderen Bundesland, arbeiten viele Bayern im Tourismus. Wer in Bayern Urlaub macht, kann dort das Jodeln lernen. Früher haben sich die Menschen mit dem gejodelten „Ho-la-da-it-ti-jo" in den Bergen verständigt. Dafür nutzt man heute Mobiltelefone, gejodelt wird nur noch zum Vergnügen.

EINIGE BERÜHMTE BAYERN

Papst Benedikt XVI. stammt aus Bayern und ist der erste und bisher einzige Papst, der in Rente ging. Das war im Jahr 2013.
Der Sänger Andreas Bourani wurde in Augsburg geboren.
Michael Ende (1929–1995) wurde in Garmisch geboren. Er schrieb berühmte Kinderbücher wie „Jim Knopf und Lukas der Lokomotivführer", „Momo" und „Die unendliche Geschichte".
Dirk Nowitzki ist Würzburger und einer der besten Basketballspieler weltweit.

Die Playmobil-Figuren kommen aus Bayern. Sie wurden in der Nähe von Nürnberg entwickelt, seit 1974 sind sie auf dem Markt.
Adam Ries (1492–1559) übte den Beruf des Rechenmeisters aus (den gibt es nicht mehr, weil die meisten Menschen inzwischen selbst rechnen können). Noch heute ist er durch den Spruch: „Das macht nach Adam Riese ..." bekannt.

Der Münchner Elyas M'Barek ist ein beliebter Schauspieler.

1. Müggelsee
2. Spree
3. Badeschiff
4. East Side Gallery
5. Alexanderplatz Weltzeituhr
6. Fernsehturm
7. Museumsinsel
8. Checkpoint Charlie
9. Brandenburger Tor
10. Bundeskanzleramt
11. Schaubühne
12. Havel
13. Pfaueninsel
14. Tierpark Berlin
15. Holocaustmahnmal

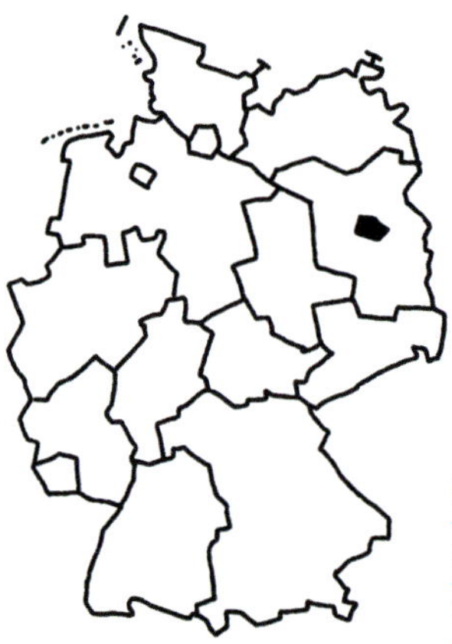

Größe: 891 km², drittkleinstes Bundesland
Einwohner: etwa 3,6 Mio. größte Stadt Deutschlands
Besonderheiten: Der Berliner Dialekt wird auch Berliner Schnauze genannt. Das Gebäck, das anderswo „Krapfen" oder „Berliner" genannt wird, heißt in Berlin „Pfannkuchen". Spezialität: Currywurst

In Berlin kann man was auf die Beine stellen: Maler, Journalisten, Schriftsteller, DJs, Schauspieler, Architekten, Regisseure aus aller Welt und überhaupt alle, die gern was Neues ausprobieren, zieht es in die coole Stadt, die Hauptstadt, größte deutsche Stadt und Bundesland zugleich ist.

LAND UND LEUTE

In den zwölf Bezirken Berlins leben Menschen aus etwa 190 verschiedenen Ländern. Es gibt in Berlin alles Mögliche nebeneinander und zusammen. Manchmal entsteht etwas Neues daraus, manchmal prallen Gegensätze aufeinander, Armut und Reichtum zum Beispiel. Schwarze Limousinen mit Politikern an Bord gleiten vorbei an Wohnungslosen, die Pfandflaschen aus Mülleimern fischen. Kreuzberg, Prenzlauer Berg und Neukölln sind die Ortsteile mit den meisten Einwohnern.

Der typische Berliner gilt als muffelig. Er neigt dazu, das zu tun, was ihm gefällt. Da das, was dem einen Berliner gefällt, einem anderen Berliner nicht unbedingt auch gefällt, ist der Berliner eben muffelig. Er kann schließlich nichts daran ändern, dass die anderen auch tun, worauf sie Lust haben. Deshalb nimmt er die vielen unterschiedlichen Menschen und ungewöhnliche Dinge mit einem Achselzucken hin. Ein Motto der Berliner ist: „Balina dürfen dit." Das ist Berlinerisch und heißt: „Berliner dürfen das."

NATUR IN DER STADT

„Jwd" ist auch Berlinerisch und die Abkürzung für „janz weit draußen", also „ganz weit draußen". Das Berliner jwd ist allerdings gar nicht so weit draußen: Schon am Rand der Stadt glitzern der große Müggelsee und viele kleinere Seen, in denen sich im Sommer hervorragend baden lässt. Verbunden sind die Seen durch Flüsse und Kanäle. Hier jagen Reiher und Fischotter. Auf der Pfaueninsel im Südwesten der Stadt stolzieren Pfaue in einem Park rund um ein Schlösschen, das der König von Preußen Friedrich Wilhelm II. im 18. Jahrhundert bauen ließ.

Überhaupt leben in Berlin viele Tiere, mehr als in jeder anderen europäischen Großstadt. In einer Zitadelle, einer kleinen, ehemaligen Festung, hausen rund 10.000 Fledermäuse. In den Parks und Gärten der Stadt sind Waschbären, Wildschweine und Füchse zu Hause. Ein Fuchs wohnt sogar direkt beim Bundeskanzleramt. Und obwohl er sein Geschäft auf der Terrasse verrichtet, darf er bleiben. Schließlich ist er auch ein Berliner und „darf dit".

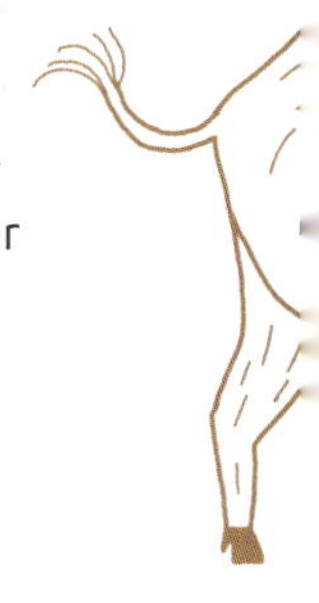

DIE GESCHICHTE

Die kleine Siedlung Berlin wurde ab etwa 1230 von den Fürstenbrüdern Johann I. und Otto III. besonders gefördert. Sie wuchs und wurde 1701 Hauptstadt des Königreichs Preußen. Als der preußische König Wilhelm I. 1871 Deutscher Kaiser wurde, war Berlin die Hauptstadt des Deutschen Kaiserreichs. Das Kaiserreich ging mit dem Ende des Ersten Weltkriegs unter, der zwischen 1914 und 1918 tobte. Deutschland wurde eine Demokratie. Doch die Weimarer Republik hielt nur kurz. Als 1933 die Nationalsozialisten mit Adolf Hitler an der Spitze an die Macht kamen, war es mit der Demokratie vorbei.

Nach dem Ende des Zweiten Weltkriegs 1945 teilten die Siegermächte Frankreich, Großbritannien, die USA und die Sowjetunion die Stadt in vier Teile. Bald schon kam es zu heftigen Streitigkeiten zwischen der Sowjetunion und den anderen Staaten, weil sie unterschiedlicher Ansicht darüber waren, wie regiert werden sollte. 1949 entstanden daher zwei deutsche Staaten: die Deutsche Demokratische Republik (DDR) mit der Hauptstadt Ostberlin und die Bundesrepublik Deutschland mit der Hauptstadt Bonn. Westberlin lag wie eine Insel mitten in der DDR. Viele DDR-Bürger flohen über die Berliner Grenze in die Bundesrepublik. Um das zu verhindern, ließ Walter Ulbricht, das Staatsoberhaupt der DDR, 1961 die Berliner Mauer bauen. Sie war rund 155 Kilometer lang und bestand aus einer 3,6 Meter hohen Mauer. Bewaffnete Wachmänner in Wachtürmen, Hunde, Stacheldraht und Scheinwerfer, die den Grenzstreifen ausleuchteten, machten die Grenze fast unüberwindbar. Die Mauer zerschnitt die Stadt 28 Jahre lang. 1989 wurde die Grenze in Berlin geöffnet, 1990 trat die DDR dann der Bundesrepublik bei. (Mehr dazu steht auf Seite 172 und 173).

Das Brandenburger Tor stand im Grenzgebiet, sodass niemand mehr durch das ehemalige Stadttor hindurchgehen konnte.

Seit 1280 ist der Bär das Wappentier Berlins.

Nach dem Bau der Mauer ließ Walter Ulbricht den 368 Meter hohen Fernsehturm bauen. Noch immer ist er das höchste Bauwerk Deutschlands.

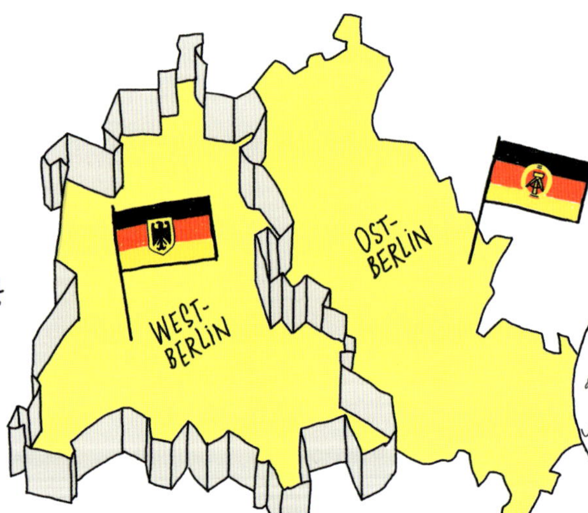

Nofretete

DIE WIRTSCHAFT

Nach dem Ende der DDR veränderte sich vieles, und so mancher Betrieb in Berlin, wie auch in den anderen neuen Bundesländern, musste schließen. Es folgten schwierige Jahre und auch heute noch haben rund 169.000 Berliner keine Arbeit.
Aber die Lage ist nicht trist: Berlin ist eine aufregende, lebenswerte Stadt. Viele Unternehmen entstehen oder bereits bestehende eröffnen Niederlassungen.
Auch Kunst und Kultur spielen in Berlin eine wichtige Rolle. 400 bis 600 Kunstgalerien soll es in der Stadt geben, wie viele es genau sind, weiß niemand, denn das ändert sich ständig. Neue Galerien eröffnen, andere schließen.
Und auch Touristen finden Berlin ziemlich „knorke“ (das bedeutet super) – die Stadt steht hinter London und Paris auf Platz drei der beliebtesten Reiseziele in Europa. Rund 13 Millionen Besucher kommen jedes Jahr.

DAS IST JA INTERESSANT!

Auf der Spree gibt es das Badeschiff, ein schwimmendes Schwimmbad.
Die erste Ampel Deutschlands leuchtete 1924 in Berlin.
Die Berlinerin Herta Heuwer soll 1949 die Currywurst erfunden haben. Es gibt sogar ein Currywurst-Museum.
Die Bewohner Berlins feiern jedes Jahr an Pfingsten ein ganz besonderes Fest: den Karneval der Kulturen. Dann ziehen Gruppen in den Trachten aus den verschiedenen Ländern der Welt tanzend und trommelnd durch Berlin und feiern das Zusammenleben in ihrer Stadt.

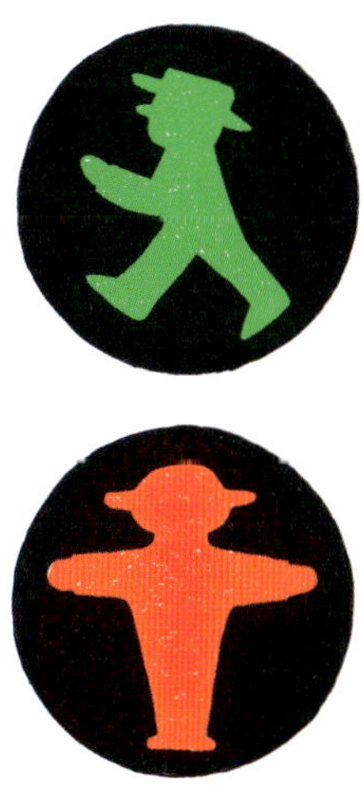

EINIGE BERÜHMTE BERLINER

Jérome Boateng ist ein erfolgreicher Profi-Fußballer.
Peter Fox ist der Künstlername eines Berliner Sängers.
Die schlichten und nützlichen Bauwerke des Architekten Walter Gropius (1883–1969) prägen die Architektur noch heute.
Kurt Tucholsky war ein berühmter Journalist der Weimarer Republik. Er kämpfte mit seinen Texten für die Demokratie und gegen den Nationalsozialismus.

Größe: 29.654 km², fünftgrößtes Bundesland
Einwohner: etwa 2,5 Mio.
Landeshauptstadt: Potsdam, 172.000 Einwohner
Besonderheiten: Es gibt lustige Ortsnamen, zum Beispiel Wassersuppe, Kuhbier, Busendorf oder Schweinrich.
Spezialitäten: Der Koch des preußischen Königs benannte 1839 ein Sahneeis nach Fürst Pückler. Die Kombination aus Schokoladen-, Vanille- und Erdbeereis ist heute sehr bekannt. Plinsen (eine Art Pfannkuchen), Spreewälder Essiggurken, Fliederkräude (Soße aus Holunder).

1. Havel
2. Rühstädt
3. Schiffshebewerk Niederfinow
4. Schloss Sanssouci
5. Potsdam
6. Glienicker Brücke Babelsberg
7. Berlin
8. Spree
9. Frankfurt an der Oder
10. Oder
11. Spreewald
12. Cottbus
13. Kutschenberg
14. Elbe

Im Spreewald liegen manche Häuser an einem Kanal oder an der Havel. Eine Postbotin bringt die Briefe und Päckchen mit einem Kahn.

Brandenburg ist ungefähr 33-mal so groß wie Berlin (das mitten im Lande liegt), hat aber weniger Einwohner. Brandenburg ist ziemlich flach und es gibt wenige Städte, aber viel Wald – und mehr Wasser und mehr Naturschutzgebiete als in jedem anderen Bundesland.

LAND UND LEUTE

Seepyramide im Park Branitz

Brandenburg ist „wässrig": Mehr als 3000 Seen und über 33.000 Kilometer Flüsse schlängeln sich durch die Landschaft. In den Naturschutzgebieten sind seltene Pflanzen und Tiere zu Hause. Besonders selten ist ein schwerer Vogel: Eine männliche Großtrappe kann rund einen Meter lang und 15 Kilogramm schwer werden. Brandenburg ist flach: Der höchste Berg, der Kutschenberg, ganz im Süden ist gerade mal 201 Meter hoch.

Zu den berühmten tierischen Einwohnern Brandenburgs zählen außerdem die gefährdeten Weißstörche und inzwischen auch Wölfe.

Früher trieben Wind und Wasser die Flügel von zahlreichen Mühlen an, von denen aber heute nur noch wenige erhalten sind. Besonders berühmt ist die Historische Mühle, die seit 2003 auch wieder Getreide mahlt. Sie steht direkt neben dem Potsdamer Schloss Sanssouci. Sanssouci heißt „ohne Sorge" auf Französisch. Potsdam ist mit rund 172.000 Einwohnern die einzige Großstadt Brandenburgs. Etwas weiter westlich liegt Brandenburg an der Havel, dem längsten Fluss des Landes. Eine weitere wichtige Stadt ist Cottbus. Ihr Wahrzeichen sind die Parkanlagen, die Hermann Fürst von Pückler-Muskau im 19. Jahrhundert gestaltete.

Wer durch das Land fährt, ist häufig auf Alleen unterwegs. Die von Linden, Eschen, Buchen oder Birken gesäumten Straßen sind typisch für Brandenburg. Etwa 100 Kilometer südöstlich von Berlin verzweigt sich die Spree in viele Arme. Bei Cottbus liegt der von Flüsschen und Kanälen durchzogene Spreewald.

Im Spreewald sind Nachkommen eines slawischen Volks zu Hause, das im 6. Jahrhundert in die Region eingewandert ist. Die hier und auch in Sachsen lebenden Sorben haben ihre Sprache bis heute bewahrt. In einigen Schulen sprechen die Kinder neben Deutsch auch Sorbisch im Unterricht.

Abgesehen von Sorbisch sind in Brandenburg eher selten andere Sprachen als Deutsch zu hören, denn hier leben wenige Menschen, die Wurzeln in anderen Ländern haben. Überhaupt sprechen die Einheimischen nicht gerade viel. Sie packen lieber schweigend mit an und machen ab und zu einen derben Witz, heißt es. Wer so einen Spruch abbekommt – vielleicht sogar einen, der mit einem „du Flitzpiepe" endet (also „du Idiot" auf Brandenburgisch) –, kann sich freuen. Die Witzeleien sind nämlich ein Zeichen von Freundschaft. Und auf die soll bei Brandenburgern Verlass sein.

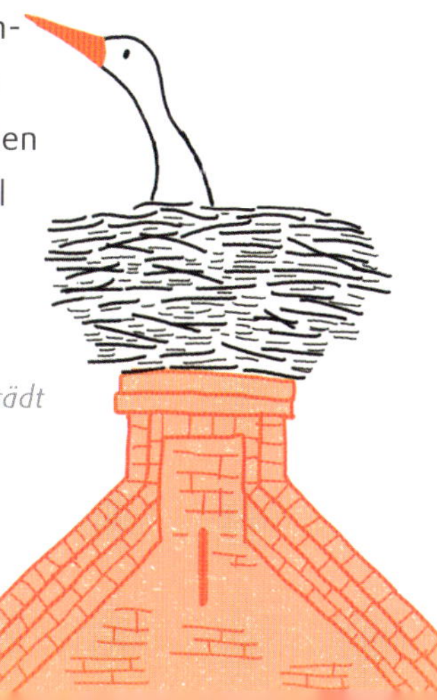

In dem brandenburgischen Dorf Rühstädt ziehen über 30 Storchenpaare ihre Jungen groß, mehr als in jedem anderen Ort in Deutschland.

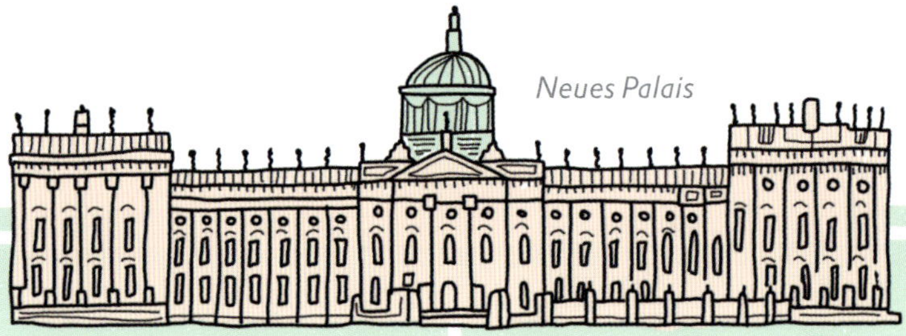

DIE GESCHICHTE

Im 7. Jahrhundert lebten slawische Fürsten auf der Brandenburg, jener Burg, der das Bundesland seinen Namen verdankt.
Im Jahr 1157 eroberte Albrecht der Bär aus der adeligen Familie der Askanier die Burg und nannte sich nun Markgraf von Brandenburg. Nach ihm herrschten Grafen aus verschiedenen adeligen Familien. Im Jahr 1356 war es Ludwig II. aus dem Haus der Wittelsbacher. Da er die Kurwürde erhielt, wurde die Grafschaft zum Kurfürstentum des Heiligen Römischen Reichs. Die Kurfürsten durften den Kaiser wählen, dadurch wurden die Herrscher der Mark Brandenburg sehr einflussreich. Viele der einfachen Menschen aber litten unter Armut.
Besonders schlimm wurde es im 17. Jahrhundert während des Dreißigjährigen Krieges, der ganz Europa betraf. Auch durch Brandenburg zogen die feindlichen Truppen, sie plünderten und zerstörten ganze Dörfer. Der Kurfürst Georg Wilhelm aus der Familie der Hohenzollern konnte die Menschen nicht schützen. Etwa jeder zweite Einwohner der Region wurde ermordet, verhungerte oder starb an einer Krankheit. Nach dem Tod von Georg Wilhelm kam sein Sohn Friedrich Wilhelm an die Macht. Er baute ein Heer auf, das stark genug war, um 1675 in der Schlacht bei Fehrbellin den Angriff der schwedischen Soldaten abzuwehren. Da diese als die besten Soldaten ihrer Zeit galten, wurde Friedrich Wilhelm jetzt respektvoll "der Große" genannt.
Sein Sohn, Kurfürst Friedrich III. von Brandenburg, wurde 1701 König von Preußen. Für Brandenburg änderte sich dadurch erst einmal wenig. Doch mit der Zeit wurde das Land zum Kern eines mächtigen Staats. Der Sohn und der Enkel des ersten Preußenkönigs (also von König Friedrich I.) – die übrigens auch Friedrich hießen – eroberten weitere Gebiete.
1871 wurde der preußische König Wilhelm I. zum deutschen Kaiser gekrönt und mit Preußen wurde auch Brandenburg Teil des neu gegründeten Deutschen Kaiserreichs.
Das Bundesland in seiner heutigen Form gab es zum ersten Mal in der DDR zwischen 1946 und 1952. Zum zweiten Mal wurde Brandenburg nach dem Beitritt der DDR zur Bundesrepublik im Jahr 1990 gegründet.

EINIGE BERÜHMTE BRANDENBURGER

Theodor Fontane war ein berühmter Schriftsteller.
Loriot hieß eigentlich Vicco von Bülow und gehört zu den bekanntesten deutschen Humoristen. Er fertigte witzige Zeichnungen an, schrieb lustige Geschichten und drehte Filme, in denen er selbst mitspielte.
Die Schauspielerin Josefine Preuß stammt aus Zehdenick, einem kleinen Dorf in Brandenburg.
Der Architekt Karl Friedrich Schinkel hat im 19. Jahrhundert viele Gebäude in Berlin und Brandenburg entworfen.

DIE WIRTSCHAFT

Nach der Wende gingen in Brandenburg zahlreiche Unternehmen pleite, weil sie nicht genug Produkte verkaufen konnten. Viele Menschen verloren ihre Arbeit und verließen das Bundesland. An den äußeren Rändern Brandenburgs sieht es für die meisten kleinen Orte immer noch düster aus – junge Menschen ziehen weg, weil es hier kaum Arbeit gibt, und so schließen auch noch die letzten Geschäfte.

Ganz anders ist die Lage in der Region rund um Berlin. Hier stehen inzwischen viele große Fabriken. Sie produzieren zum Beispiel Kunststoffe oder bauen U-Bahnen. Die Nähe zu Berlin ist praktisch, auch weil die Produkte von der Hauptstadt aus per Flugzeug oder Bahn in alle Teile Deutschlands und Europas transportiert werden können. Wegen der wirtschaftlich stabilen Region rund um Berlin ist Brandenburg heute hinter Sachsen das wirtschaftlich zweitstärkste der „neuen Bundesländer".

Das Solarkraftwerk in der Lieberoser Heide gehört zu den größten in Europa.

Ein wichtiger Bereich ist außerdem die Gewinnung von Energie.

Und auch der Tourismus blüht. Immer mehr Besucher paddeln die Flüsse im Spreewald entlang oder baden in einem der Seen. Manchmal werden Hollywood-Stars wie George Clooney in Brandenburg gesichtet. Dann haben sie eine Rolle in einem deutschen Film. In dem Filmstudio im Potsdamer Stadtteil Babelsberg werden die meisten und bekanntesten deutschen Filme produziert.

DAS IST JA INTERESSANT!

In dem Kanal, der die Havel mit der Oder verbindet, steht der älteste deutsche Aufzug für Schiffe. Das Schiffshebewerk Niederfinow von 1934 zieht bis zu tausend Tonnen schwere Schiffe in einem mit Wasser gefüllten Kasten an 256 Drahtseilen 36 Meter nach oben. Dadurch können selbst dicke Pötte den Höhenunterschied überwinden und dann weiter den Kanal entlangschippern.

Am 25. Januar wird in Brandenburg nach einem sorbischen Brauch die Vogelhochzeit gefeiert. Dann verkleideten sich ein Junge als Rabe und ein Mädchen als Elster. Sie ziehen durch ihren Ort, gefolgt von anderen Bewohnern, die zur Feier des Tages ihre sorbische Tracht tragen.

Die Bundeskanzlerin Angela Merkel ist in Templin aufgewachsen, einer Stadt im Norden Brandenburgs.

Der „Gurken-Radweg" ist ein 260 Kilometer langer Rundweg durch den Spreewald. Benannt ist er nach den Spreewälder Gewürzgurken.

Das Jugendbuch „Krabat" von Otfried Preußler basiert auf einer sorbischen Sage und spielt in der Lausitz.

Lustige Tretboote sind in Brandenburg unterwegs.

Größe: 419 km²

Einwohner: insgesamt etwa 678.000

Bremerhaven: etwa 113.000

Landeshauptstadt: Bremen

Besonderheiten: Als einziges Bundesland besteht Bremen aus zwei Großstädten: Bremen und Bremerhaven.

Spezialitäten: Viele Bremer lieben braunen Kohl mit Pinkel. Der Grünkohl heißt in Bremen brauner Kohl, weil er fertig gekocht eben nicht mehr grün, sondern braun ist. Pinkel ist eine würzige Wurst. Bremer Kluten (mit Schokolade überzogener Pfefferminz-Fondant).

Kennst du das Märchen, in dem ein Esel, ein Hund, eine Katze und ein Hahn nach Bremen wandern wollen, um dort Musik zu machen? Bremen ist etwas Besonderes: ein Stadtstaat, das kleinste Bundesland und das einzige, das aus zwei Großstädten besteht. Etwa 65 Kilometer trennen die Bremen und Bremerhaven voneinander, verbunden sind sie durch den Fluss Weser.

LAND UND LEUTE

Bremen ist die zehntgrößte Stadt in Deutschland. Über die Schlachte, eine Promenade an der Weser, kann man sie schnell durchqueren. Im Mittelalter war Bremen reich und mächtig, eine bedeutende Handelsstadt. Das ist noch heute zu sehen: Das Rathaus und der Schütting (das Haus der Kaufleute aus dem 16. Jahrhundert) sind prächtig, mitten auf dem Bremer Marktplatz steht ein stolzer Ritter, die älteste Roland-Statue in Deutschland.
Die Bremer Innenstadt ist in einer halben Stunde durchquert. Besonders beliebt ist der älteste Stadtteil, der Schnoor. Hier wohnten im Mittelalter Seeleute und Handwerker. Unter ihnen auch solche, die Seile und Taue für Schiffe herstellten. „Snoor" heißt auf Plattdeutsch „Schnur" – vielleicht verdankt das Viertel seinen Namen also den Seilmachern von damals. Schnoor passt jedenfalls prima zu den Giebelhäusern, die hier wie an einer Schnur aufgereiht nebeneinanderstehen.

Bremerhaven ist kleiner als Bremen und sehr von der Wasserlage geprägt. Die Gegend in Hafennähe wurde neu gestaltet, hier ist es jetzt modern und sehenswert: Es gibt Museen, ein Aquarium, alte und neue Schiffe.
Bremer gelten als etwas dickköpfig. Sie meinen beispielsweise, dass sie Hochdeutsch sprechen, aber wenn sie ihrem Gast vorschlagen, mal „um'n Pudding zu gehen", wird der sich vielleicht wundern. Der Bremer wird ihm dann „verklookfideln" (das heißt „erklären" auf Bremisch), dass er ihn gerade zu einem kurzen Spaziergang aufgefordert hat, um ihm „Brem" zu zeigen. „Brem" heißt „Bremen" auf Bremisch, die letzten Buchstaben werden einfach weggelassen. Das ist typisch für den etwas nuscheligen Dialekt. Haben sich Gast und Einheimischer verstanden, wird der Bremer ihm stolz die Stadt zeigen, denn die Bremer mögen ihr kleines Bundesland.

Rathaus

Schütting

Schnoor

Der Roland ist der Wächter für die Rechte und die Freiheit der Stadt. Die Statue ist insgesamt über 10 m hoch.

DIE GESCHICHTE

In alten Schriften wird Bremen im 8. Jahrhundert zum ersten Mal erwähnt. Der Sage nach fuhren arme Fischer über die Weser auf der Suche nach einem neuen Zuhause. Zufällig beobachteten sie eine Henne, die auf einer Düne ein Nest baute. Die Fischer beschlossen, sich an dieser Stelle niederzulassen, denn das Huhn hatte sich bestimmt einen guten, trockenen Ort für das Nest ausgesucht.

1260 schloss sich Bremen der Hanse an. Als Mitglied dieses Bundes von Kaufleuten und Handelsstädten wurde Bremen wohlhabend. Die Schiffe, die den Hafen verließen, waren voll beladen mit Getreide, Fisch, Bier und vielen anderen Waren. Die Bremer Kaufleute waren mutig und erfolgreich. Ihr Motto war: „Buten und binnen, wagen und winnen" (also „draußen und drinnen, wagen und gewinnen").

Doch es gab Probleme, denn die Weser, der Fluss, auf dem die mit Waren beladenen Schiffe von und nach Bremen fuhren, versandete nach und nach. Das würde dazu führen, dass die Schiffe auf Grund laufen würden und Bremen diesen wichtigen Handelsweg verlor.

Im Jahr 1827 gelang dem Bremer Bürgermeister schließlich ein schlauer Schachzug: Er kaufte vom Königreich Hannover ein Gebiet an der Wesermündung. Hier, direkt an der Nordsee, wurde der neue Hafen Bremens gebaut: Bremerhaven. Die Stadt wuchs und der Hafen brummte. In den Werften baute der Norddeutsche Lloyd, damals eine der größten Reedereien der Welt, riesige Schiffe und die alte Kaiserschleuse von 1892 war lange Zeit die größte weltweit.

Nach dem Zweiten Weltkrieg wurde Deutschland unter den vier Siegermächten aufgeteilt. Den Amerikanern, die große Gebiete im Süden und in der Mitte Deutschlands erhielten, fehlte ein Zugang zum Meer, über den sie die Versorgung ihrer in Deutschland lebenden Soldaten absichern konnten. Als sie sich darüber beschwerten, bekamen sie noch Bremen und Bremerhaven dazu. Seitdem bilden die beiden Städte ein Bundesland.

In Bremerhaven geht es seit der Gründung im 19. Jahrhundert vor allem um Industrie. Und die brummte zunächst: Anfang des 20. Jahrhunderts lag hier Deutschlands größte Fischfangflotte und bis in die 90er-Jahre war die Stadt ein Zentrum des Schiffbaus. Dann mussten die Werften schließen, weil sie nicht mehr genug verdienten. Seither kämpft die Stadt mit der Armut ihrer Bewohner und dem Verfall der Häuser.

EINIGE BERÜHMTE BREMER

Jan Böhmermann ist ein Moderator und Comedian.

Angelique Kerber gehört zu den besten Tennisspielerinnen der Welt.

Kralli war ein Pinguin im Bremerhavener Zoo. Seinen Ruhm verdankt er einer Verwechslung: Er wurde für ein Männchen gehalten, bis er eines Tages ein Ei legte.

James Last war ein berühmter Komponist und Orchesterleiter. Seine Musik wurde millionenfach verkauft.

DIE WIRTSCHAFT

Die Hafenwirtschaft spielt auch heute noch für beiden Städte eine wichtige Rolle. In Bremer Reedereien werden teure Luxusjachten gebaut und im Hafen machen Containerschiffe fest, die Bananen, Kaffeebohnen und andere Waren aus fernen Ländern an Bord haben.

Der Containerterminal der Stadt Bremerhaven zählt zu den größten weltweit. Jährlich werden mehrere Millionen Container auf riesige Schiffe geladen oder von ihnen heruntergehievt. Außerdem wird in Bremerhaven Fisch verarbeitet, zu Fischstäbchen beispielsweise. Damit es mit dem Ort wirtschaftlich wieder bergauf geht, wird viel gebaut und erneuert. Museen entstehen und das Gelände am Hafen ist heute viel schicker als früher. Und tatsächlich besuchen immer mehr Touristen Bremerhaven. Außerdem gibt es hier das Alfred-Wegener-Institut, das die Polarregionen und das Meer erforscht. Das alles hat geholfen, aber die Arbeitslosigkeit ist trotzdem nach wie vor hoch.

Auch im Bundesland Bremen ist Geld knapp. Immer wieder wird darüber diskutiert, das Geld durch die Auflösung des Bundeslands einzusparen. Bremen und Bremerhaven würden dann zu Niedersachsen gehören – aber viele Bremer finden diese Idee ganz und gar nicht gut!

DAS IST JA INTERESSANT

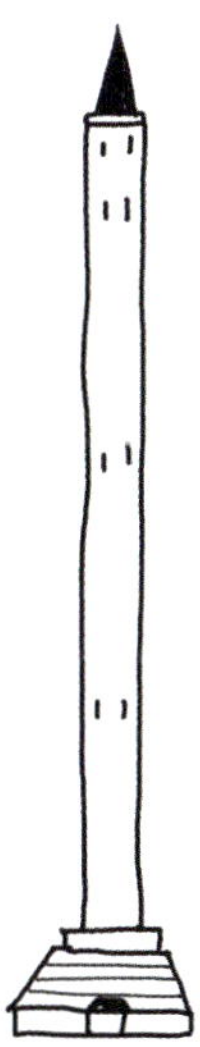
Fallturm

Der Bremer Freimarkt ist eines der ältesten Volksfeste in Deutschland. Jedes Jahr im Oktober vergnügen sich 17 Tage lang rund 4 Millionen Menschen.

Auf dem Gelände der Bremer Universität steht ein in Europa einzigartiges Gebäude: ein 146 Meter hoher Fallturm, in dem die Schwerelosigkeit erforscht wird.

In Bremen leben sehr viele Millionäre. Nur in Hamburg und Bayern gibt es noch mehr.

Zu den berühmtesten Besuchern von Bremerhaven gehört Elvis Presley. Der König des Rock 'n' Rolls war von 1958 bis 1960 als amerikanischer Soldat in Deutschland. 1958 ging er in Bremerhaven an Land.

In Bremerhaven steht eine besondere Erlebnis-Welt: Das Klimahaus Bremerhaven, in dem man fünf Kontinente und die verschiedenen Klimazonen nacherleben kann.

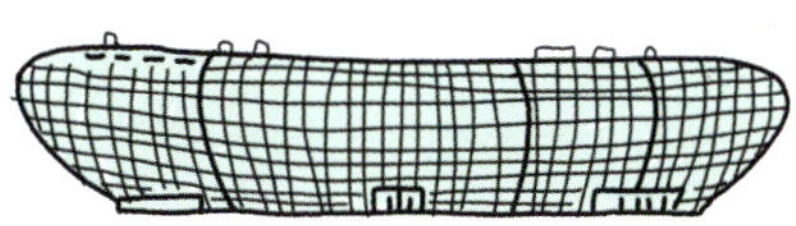
Klimahaus Bremerhaven

Größe: 755 km²

Einwohner: etwa 1,8 Mio.

Besonderheiten: Rund eine Million Besucher kommen jedes Jahr zum Hamburger Hafengeburtstag, dem größten Hafenfest der Welt.

Spezialitäten: Das Franzbrötchen ist eine platte Zimtschnecke.

1. Friedhof Ohlsdorf
2. Alster
3. Stadtpark
4. Tierpark Hagenbeck
5. Volksparkstadion
6. Elbe
7. Hafen
8. HafenCity
9. Speicherstadt
10. König-der-Löwen-Theater
11. Reeperbahn
11. Fischmarkt
11. Landungsbrücken
12. Dom
12. St. Michaelis
12. Rathaus
13. Elbphilharmonie

Hamburg ist ein Stadtstaat: Als Bundesland ziemlich klein, als Stadt dagegen ziemlich groß. Auf die Lage der Stadt weist ihr Name hin. „Ham" bedeutet nämlich „Gelände am Fluss". Genauer gesagt liegt Hamburg an drei Flüssen: der Elbe, der Alster und der Bille. Die Alster wurde vor rund 800 Jahren aufgestaut, um mit dem Wasser Mühlen anzutreiben. In der Innenstadt sieht sie deshalb aus wie ein See.

LAND UND LEUTE

Hamburg ist die zweitgrößte deutsche Stadt, rund 1,8 Millionen Menschen aus 183 Ländern sind in insgesamt 104 Stadtteilen zu Hause. Der Seehafen ist der größte im ganzen Land und der einzige, der mitten in einer Stadt liegt. Jedes Jahr steuern ihn rund 9000 Seeschiffe an, die meisten sind mehrere Hundert Meter lange Containerriesen. Der Hamburger Hafen ist auch deshalb ein besonderer Seehafen, weil er gar nicht an der See liegt, sondern an einem Fluss, der Elbe. Die Nordsee ist rund 100 Kilometer entfernt.

Alle Seeschiffe, die in Hamburg festmachen wollen,fahren vorbei an Hamburger Leuchttürmen und Villen, an den Stränden der Stadt, am Fischmarkt, an der Rickmer Rickmers und anderen alten Schiffen sowie am Michel, dem Turm der größten Kirche Hamburgs. Und auch das neue Wahrzeichen der Stadt liegt direkt vor ihrer Nase: die Hamburger Elbphilharmonie.

In dem Konzerthaus spielen weltberühmte Orchester, aber auch Bands mit Gitarre, Bass und Keyboard. Überhaupt wird in der Stadt an der Elbe viel Musik gemacht – und ganz unterschiedliche.

Am gegenüberliegenden Elbufer wird seit 2001 das Musical „Der König der Löwen" aufgeführt. Nach New York und London ist Hamburg die drittgrößte Musical-Stadt der Welt.

Wer vom Hafen den Hang hinaufsteigt, trifft oberhalb der Elbe auf die berühmteste Straße der Stadt. Auf der Reeperbahn mit ihren vielen Bars und Clubs wurde in den 60er-Jahren eine englische Band weltberühmt: die Beatles.

Konzerte, Ausstellungen, Tanz, Ballett, Theater – Hamburg hat viel Kultur zu bieten, doch wer will, entkommt dem Großstadttrubel schnell: Hamburg hat mehr Parks und Naturschutzgebiete als jede andere deutsche Stadt. Sie sind die Lebensraum für viele Tierarten: Seeadler, Schweinswale, Seehunde und Iltisse zum Beispiel.

Schwäne auf der Alster

Millerntor-Stadion

Nicht zu vergessen: der Sport. 443 Fußballvereine gibt es in Hamburg. Die beiden bekanntesten sind der Hamburger SV und der FC St. Pauli.

Ein echter Hanseat hat den Ruf, immer höflich zu bleiben. Keinesfalls drängelt und schubst er, wie es ein Quiddje (das Hamburgische Wort für alle, die nicht in Hamburg geboren wurden) das möglicherweise tun würde. Früher wurden die reichen Kaufleute der Hanse als Hanseaten bezeichnet, heute versteht man unter einem Hanseaten einen höflichen und etwas kühlen Menschen mit guten Manieren. Hamburger gelten außerdem als weltoffen. Hamburg nennt sich: Das Tor zur Welt.

DIE GESCHICHTE

Hamburg war von Anfang an ein Handelsplatz, zunächst allerdings ein ziemlich kleiner. Im 8. Jahrhundert wurde in der Nähe des heutigen Rathauses die Hammaburg gebaut. Wie andere Burgen jener Zeit bestand sie nur aus einem dicken Holzzaun und einem Graben rund um ein paar Hütten. In ihnen lebten Fischer, Händler und Handwerker. Die Hammaburg grenzte an drei Flüsse: die Elbe, die Bille und die Alster. Im Jahr 845 überfielen dänische Wikinger das Dorf und zerstörten die Hammaburg. Das Dorf wurde bald wieder aufgebaut, und es wuchs, auch weil es an der einzigen Stelle lag, an der die Alster flach genug war, um sie zu überqueren. Der Ochsenweg über die Alsterfurt war die wichtigste Handelsstraße zwischen dem Norden und dem Süden.

Seine Größe verdankt Hamburg dem Hafen. Gegründet wurde er am 7. Mai 1189. Zunächst wurde in Hamburg vor allem mit Bier gehandelt – im Mittelalter gab es in der Stadt rund 600 Brauereien, jeder vierte Einwohner soll Bier gebraut haben. Um möglichst sicher vor Gefahren wie Piratenüberfällen Handel treiben zu können, schloss sich Hamburg als eine der ersten Städte im 14. Jahrhundert der Hanse an, einem Verbund von Kaufleuten. Das „HH" auf den Autokennzeichen der Hamburger steht für Hansestadt Hamburg. Und auch die Farben auf dem Landeswappen, Rot und Weiß, sind die Farben der Hanse.

Hamburg wuchs immer weiter. Der Bierhandel verlor an Bedeutung, stattdessen brachten die Schiffe Tee, Kakao, Kaffee und Gewürze aus fernen Ländern in den Hafen. Im 18. und 19. Jahrhundert wurden sieben- bis achtstöckige Speicherhäuser gebaut, um die wertvollen Güter darin zu lagern.

Ansgar
801–865

Die Burg auf dem Landeswappen ist die Hammaburg. Von ihr wurden nur Reste gefunden. Im 9. Jahrhundert lebte hier der berühmte Missionar Ansgar. Er wollte die Menschen im Norden zum christlichen Glauben bekehren.

DIE WIRTSCHAFT

Der Hafen ist immer noch sehr wichtig für die Stadt. Tausende Hamburger arbeiten hier. Sie reparieren und bauen Schiffe in den großen Werften und be- und entladen die vielen Containerschiffe.

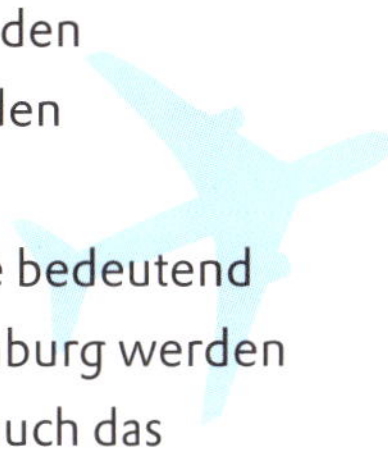

Inzwischen sind auch die Flugzeuge bedeutend für die Wirtschaft der Stadt. In Hamburg werden Flugzeuge entwickelt und gebaut, auch das größte Passagierflugzeug der Welt, der Airbus A 380.

Während die einen bauen, forschen und reparieren, hauen die anderen in die Computertasten. Sie schreiben Nachrichten und Geschichten oder sie denken sich Werbung aus. In Hamburg gibt es viele Buch- und Zeitungsverlage. Und viele bekannte Werbeagenturen, die mit ihrer Werbung regelmäßig wichtige Preise gewinnen.

Hamburg zieht außerdem immer mehr Touristen an, rund sieben Millionen kommen jedes Jahr. Und so arbeiten inzwischen knapp 100.000 Hamburger in Hotels oder in anderen Bereichen des Tourismus.

DAS IST JA INTERESSANT

Hamburg hat 2496 Brücken – das sind mehr als Venedig, Duisburg und London zusammen.

In Hamburg steht die größte Modelleisenbahn der Welt. Alle Schienen des Miniatur Wunderlands zusammen sind 15,5 Kilometer lang.

Der Hamburger Michel hat die größte Turmuhr Deutschlands. Sie misst acht Meter und ein einziger Zeiger wiegt 130 Kilogramm.

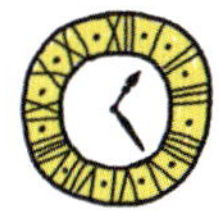

Der Adventskranz wurde 1839 von dem Hamburger Theologen und Erzieher Johann Hinrich Wichern erfunden. Er betreute Waisenkinder. Um ihnen die Wartezeit bis Weihnachten zu verkürzen, baute er ihnen aus einem alten Wagenrad, vier großen und vielen kleinen Kerzen einen Kalender.

EINIGE BERÜHMTE HAMBURGER

Hans Albers war ein deutscher Schauspieler und Sänger. Er hat auch das Lied „Auf der Reeperbahn nachts um halb eins" gesungen. Auf der Reeperbahn amüsierten sich früher die Seeleute aus allen Teilen der Welt, heute besuchen viele Touristen die 930 Meter lange, berühmte Straße.

Die Bundeskanzlerin Angela Merkel wurde in Hamburg geboren.

Der Hamburger Helmut Schmidt war von 1974 bis 1982 deutscher Bundeskanzler.

Klaus Störtebeker ist der berühmteste Pirat der Nord- und Ostsee. 1401 wurde er in Hamburg geköpft.

Klaus Störtebeker
1360-1401

Die Liste der berühmten Hamburger ist lang, dazu gehören unter anderen:

Fatih Akin (Regisseur),
Kirsten Boie (Autorin),
Jan Delay (Musiker),
Samy Deluxe (Musiker),
Karl Lagerfeld (Modedesigner),
Felix Mendelssohn Bartholdy (Komponist),
Uwe Seeler (Fußballer).

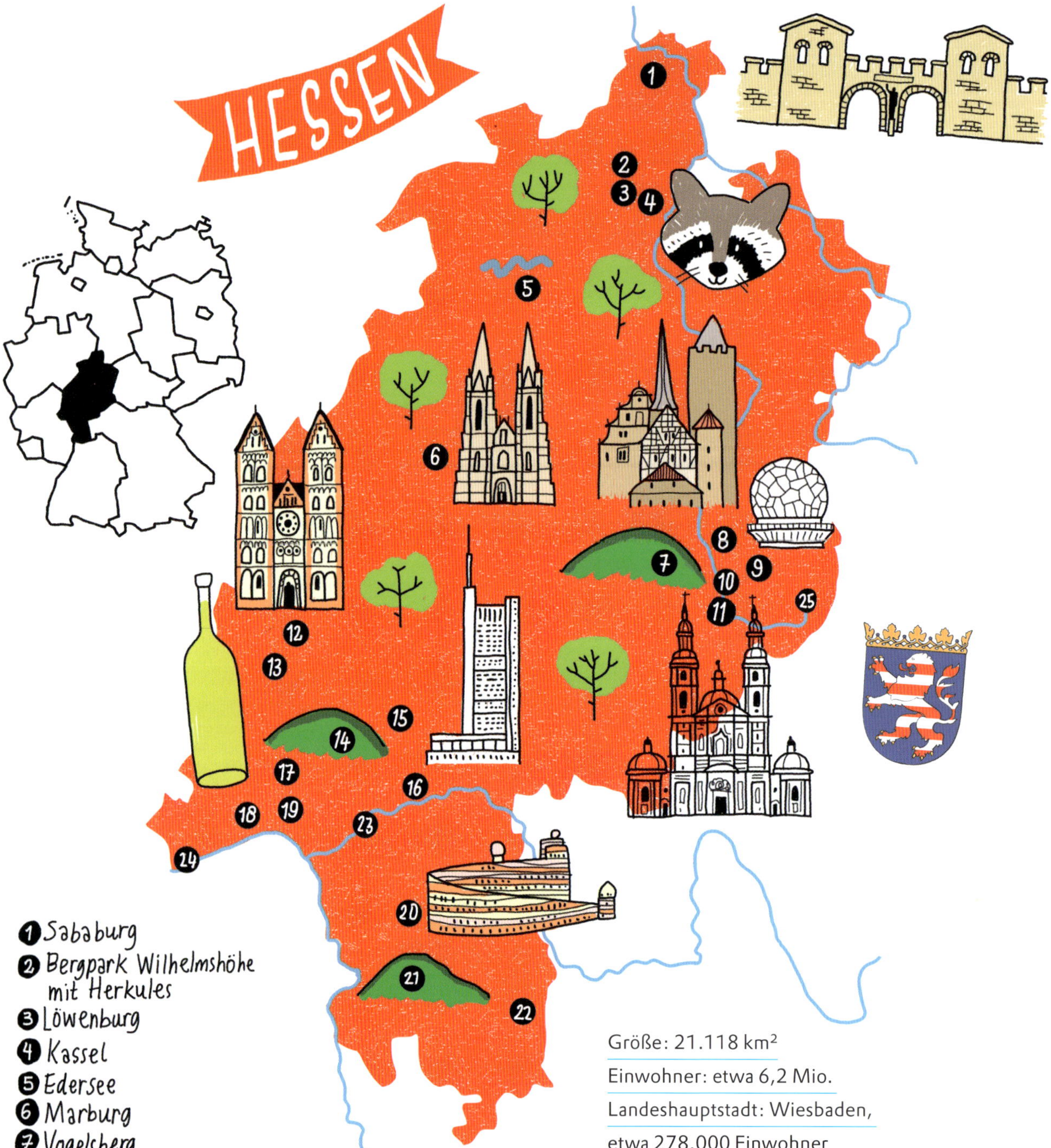

1. Sababurg
2. Bergpark Wilhelmshöhe mit Herkules
3. Löwenburg
4. Kassel
5. Edersee
6. Marburg
7. Vogelsberg
8. Schlitz
9. Röhn mit Wasserkuppe
10. Fulda
11. Dom zu Fulda
12. Limburger Dom
13. Burg Runkel
14. Taunus
15. Römerkastell Saalburg
16. Frankfurt
16. Frankfurter Römer
17. Kaiser-Friedrich-Therme
18. Kloster Eberbach
19. Wiesbaden
20. Darmstadt
21. Bergstraße
22. Odenwald
23. Main
24. Rhein
25. Fulda

Größe: 21.118 km²

Einwohner: etwa 6,2 Mio.

Landeshauptstadt: Wiesbaden, etwa 278.000 Einwohner

Besonderheiten: Das Wasser der heißen Quellen schmeckt ganz unterschiedlich.

Spezialitäten: Sieben Kräuter gehören in die Frankfurter Grüne Soße; Ahle Worscht („Alte Wurst"), nord-hessische Wurst, die lange reift und besonders herzhaft schmeckt; Frankfurter Kranz (Buttercremetorte); Ebbelwoi, Stöffche, Äppler: Apfelwein, der im blauen Keramikkrug (Bembel) serviert wird.

Das hügelige Hessen liegt ziemlich genau in der Mitte von Deutschland. Was gibt es hier zu sehen? Mittelgebirge, heiße Quellen, Wälder, viele Dörfer und jede Menge Burgen. Aber auch Frankfurt, die Stadt mit den meisten Hochhäusern, den meisten Banken und dem höchsten Wolkenkratzer Deutschlands liegt in Hessen.

LAND UND LEUTE

Frankfurt am Main liegt – natürlich – am Main, einem Nebenfluss des Rheins. Weil die Stadt mit ihren vielen Hochhäusern an Manhattan, einen Stadtteil in New York erinnert, wird sie auch „Mainhattan" genannt. Der Frankfurter Flughafen ist Deutschlands größter Flughafen. Tag für Tag starten und landen hier etwa 1300 Flugzeuge.
Aber die Natur ist nicht weit. In Hessen gibt es viele Wälder und mehrere Mittelgebirge: den Odenwald im Süden, den Taunus im Westen, den Spessart und die Rhön im Osten und den Westerwald im Nordwesten zum Beispiel. Der höchste Berg ist die 950 Meter hohe Wasserkuppe der Rhön. Ganz in der Nähe liegt der Vogelsberg. Dieses Mittelgebirge ist das größte Vulkangebiet Deutschlands (die Vulkane rühren sich allerdings seit zehn Millionen Jahren nicht mehr).
Am sonnigsten und wärmsten ist es in der Bergstraße und im Rheingau. Die Hänge am Rhein sind mit Rebstöcken gespickt. Viele Jahrhunderte lang kelterten hier die Mönche Wein aus den Trauben. Das Kloster Eberbach zählte im Mittelalter sogar zu den größten Weinhandelsunternehmen der Welt.

In der Bergstraße zieht der Frühling besonders früh ein, das Klima ist mild und es wachsen Mandel-, Feigen und Olivenbäume, die sonst nur in südlicheren Ländern vorkommen.
Gar nicht weit entfernt von Frankfurt und der kleineren Landeshauptstadt Wiesbaden plätschern Brunnen auf Marktplätzen, die von Fachwerkhäusern umgeben sind und nur von einem spitzen Kirchturm überragt werden. Oder von einer Burg. In Hessen stehen besonders viele Burgen, denn im Mittelalter war das Gebiet des heutigen Bundeslands wie ein Teppich aus kleinen Grafschaften. Und ein adeliger Herrscher, der genug Geld hatte, baute damals eine Burg, um allen seine Macht zu zeigen.

Weil Hessen viele Jahrhunderte in winzige Reiche zerteilt war, gibt es hier mehr Trachten als in jedem anderen Bundesland, nämlich mehr als 30! Viele Hessen fühlen sich noch heute eher ihrer Stadt oder ihrer direkten Umgebung zugehörig als dem Bundesland. Für die Hessen, die südlich des Mains wohnen, sind zum Beispiel alle Hessen nördlich des Mains Norddeutsche, und Frankfurter Hessen „babbeln" - das heißt „sprechen" – in ihren Augen gar kein Hessisch, sondern „Frankfodderisch" (Frankfurterisch). Tatsächlich gibt es nicht einen Dialekt „Hessisch", sondern mindestens vier verschiedene hessische Dialekte, die alle ein bisschen anders klingen.
Hessen gelten als praktisch veranlagt. Sie machen einfach das, was notwendig ist, und weil sie sich selbst nicht so schrecklich ernst nehmen, können sie auch mal über sich lachen.

EINIGE BERÜHMTE HESSEN

Anne Frank war ein jüdisches Mädchen, das sich zusammen mit ihrer Familie in Amsterdam vor den Nationalsozialisten versteckte. Ihre Tagebücher sind heute weltberühmt.

Jacob und Wilhelm Grimm sammelten Märchen.
Sebastian Vettel gehört zu den besten Rennfahrern der Welt.
Hans Zimmer komponiert Filmmusik (z.B. für „Fluch der Karibik").
Der berühmteste deutsche Dichter ist wohl Johann Wolfgang von Goethe.

DIE GESCHICHTE

Schon in der Steinzeit lebten Menschen auf dem Gebiet des heutigen Hessens. Im 1. Jahrhundert nach Christus eroberten die Römer den Süden des heutigen Bundeslands. Um das eroberte Gebiet vor den Germanen zu verteidigen, schaufelten römische Soldaten Gräben, rammten Holzpfähle in die Erde und stellten Türme auf. Von dieser Grenze, dem Limes, sind heute im Taunus noch Reste zu sehen.

Das einzige wiederaufgebaute römische Militärlager der Welt ist die Saalburg.

Schon die Römer freuten sich über die vielen heißen Quellen, die in der Region aus dem Boden sprudelten. Sie badeten darin und erholten sich von der ungewohnten Kälte in dem fremden Land.
Das erste hessische Reich entstand 1263 aus einem Teil der Grafschaft Thüringen. Die Grafschaft Hessen war kleiner als das heutige Bundesland und im Laufe der Jahrhunderte zersplitterte sie auch noch in viele hessische Mini-Reiche. Im Jahr 1897, als das gesamte Gebiet des heutigen Bundeslands Hessens schon zum Deutschen Reich gehörte (mehr darüber kannst du auf Seite 158 lesen), spazierte der deutsche Kaiser Wilhelm II. durch die prächtigen Parks von Wiesbaden und trank das warme Wasser der heißen Quellen, die einst schon die Römer begeistert hatten. Wiesbaden war sein Lieblingskurort.

Kurort Wiesbaden

Und nicht nur der Kaiser kurte gern. Seit der Arzt Friedrich August Lehr 1799 über die heilende Wirkung des Wassers geschrieben hatte, strömten viele Adelige zu „Trinkkuren" nach Wiesbaden und in die anderen immerhin 30 Orte, in denen hessisches Wasser aus dem Boden sprudelt.
Doch der Erste Weltkrieg beendete die Bäderherrlichkeit. Nach dem Zweiten Weltkrieg entstand 1945 als erstes deutsches Bundesland Hessen. Landeshauptstadt wurde Wiesbaden, unter anderem, weil die Stadt im Zweiten Weltkrieg nicht so stark zerstört worden war wie Frankfurt.

DIE WIRTSCHAFT

Der Frankfurter Flughafen ist der größte Arbeitsplatz Deutschlands: Über 80.000 Menschen arbeiten hier, und für die Arbeit von vielen weiteren ist er sehr wichtig – zum Beispiel für Hotelbesitzer, die ihre Zimmer an die Reisenden vermieten. Viele Fluggäste sind Geschäftsleute, die in Frankfurt arbeiten, denn Frankfurt ist die deutsche Hauptstadt des Geldes. Über 200 Banken haben hier ihre Zentrale! Neben dem Flughafen gibt es in der Gegend rund um Frankfurt, Wiesbaden und Darmstadt gibt es noch viele andere große Unternehmen. Das Rhein-Main-Gebiet ist eines der größten Industriezentren in Deutschland. In Höchst, einem Frankfurter Stadtteil, produzieren 90 Unternehmen Medikamente, Kunststoffe und vieles mehr.
In Hessen gibt es also viel zu „schaffe" („zu arbeiten") – die Hessen verdienen deshalb „dahaam" (zu Hause) im Schnitt mehr Geld und weniger von ihnen sind arbeitslos als in anderen Bundesländern.

DAS IST JA INTERESSANT

Alle fünf Jahre wird Kassel zur Hauptstadt der modernen Kunst. Dann findet dort nämlich die documenta statt, eine der wichtigsten Kunst-Ausstellungen der Welt.

Hauptstadt der Waschbären ist Kassel immer: Mehrere Tausend von ihnen plündern Nacht für Nacht die Mülltonnen der Stadt.
Die Frankfurter Buchmesse ist die größte weltweit. Jedes Jahr im Herbst präsentieren Verlage aus rund 100 Ländern hier etwa 400.000 Bücher.

Burg Frankenstein

Die erste Halloween-Party Deutschlands wurde 1976 in der Nähe von Darmstadt auf Burg Frankenstein gefeiert. Organisiert hatte sie ein amerikanischer Soldat für die anderen Soldaten, die nach dem Zweiten Weltkrieg in Hessen lebten (das waren sehr viele, allein in der Nähe des Flughafens waren zeitweise 10.000 untergebracht). Heute spuken auf der Burg in der Halloween-Nacht mehrere Tausend hessische Vampire, Hexen und Werwölfe.

MECKLENBURG-VORPOMMERN

1. Darß
2. Barth
3. Königsstuhl Kreidefelsen
4. Rügen
5. Binz
6. Sellin
7. Rostock
8. Schweriner Schloss
9. Müritz
10. Peene

Größe: 23.294 km²

Einwohner: etwa 1,6 Mio.

Landeshauptstadt: Schwerin, etwa 96.000 Einwohner

Besonderheiten: Einige Seen der Mecklenburgischen Seenplatte tragen komische Namen, der Kotzensee, der Schweingartensee und das Kalkloch zum Beispiel. Schön sind sie aber trotzdem.

Spezialitäten: Saft, Marmelade, Bonbons und noch viel mehr aus Sanddorn (orangefarbenen, gesunden Beeren); Tüffel un Plum (Kartoffelsuppe mit Speck und Pflaumen)

Die größte Badewanne Deutschlands – so nennt man Mecklenburg-Vorpommern: Kein anderes Bundesland hat eine längere Küste oder mehr Seen. Die Küste ist mit rund 1900 Kilometern länger als die von Schleswig-Holstein und Niedersachsen zusammen. Außerdem ist es ein sonniges Bundesland, die Sonne scheint meist um die 1600 Stunden im Jahr.

LAND UND LEUTE

Mecklenburg-Vorpommern ist dünn besiedelt: Nur etwa 69 Menschen wohnen auf einem Quadratkilometer (das sind etwa 140 Fußballfelder) – im Schnitt leben in Deutschland 231 Menschen auf dieser Fläche. Rostock ist die einzige Großstadt und die ist mit etwas mehr als 200.000 Einwohnern auch nicht gerade besonders groß. Landeshauptstadt ist Schwerin. Die kleinste Landeshauptstadt Deutschlands ist umgeben von Seen. Auf einer kleinen Insel im Schweriner See steht ein Schloss mit zahlreichen Türmen und Türmchen und über 600 Zimmern!

Im Schweriner Schloss arbeitet der Landtag von Mecklenburg-Vorpommern.

Der „Königsstuhl" steht nicht etwa im Schweriner Schloss, sondern auf Rügen, der größten Insel Deutschlands. Ein Thron ist das allerdings nicht, sondern ein berühmter Felsen. Einer Sage nach wurde einst nur zum König gekrönt, wer es wagte, die weiße Wand des Kreidefelsens hinaufzuklettern, und sich dann auf einen dort aufgestellten Stuhl setzte.

der KÖNIGSSTUHL

Für die Einsamkeit zwischen der Halbinsel Fischland-Darß-Zingst und Rügen interessieren sich bis zu 40.000 Kraniche. Die Zugvögel landen hier jedes Jahr im Herbst auf den Feldern, um sich noch einmal richtig satt zu fressen, bevor sie ins wärmere Südeuropa fliegen.

Über 2000 Seen hat Mecklenburg-Vorpommern zu bieten. Die Müritz ist der zweitgrößte See Deutschlands. Verbunden sind die Seen durch Flüsse und Kanäle. Die Wasserwege bilden ein rund 26.000 Kilometer langes Netz – das ist einmalig in Deutschland und weit darüber hinaus!

Nördlich der Mecklenburgischen Seenplatte wird das Land hügeliger. In der Mecklenburgischen Schweiz entspringt die Peene. An ihren Ufern hat sich im Laufe von Jahrtausenden eine der größten Moorlandschaften Europas gebildet. Hier leben Fischotter, Seeadler und viele andere seltene Tiere und Pflanzen.

die PEENE

In Mecklenburg-Vorpommern wird meist nicht viel geredet. Die Menschen gelten als schweigsam und robust. Ihnen ist das Platt wichtig. Schüler können ihr Abitur auf Plattdeutsch ablegen, und jedes Jahr wird das schönste plattdeutsche Wort gewählt. 2018 war es „Hartpuckern" also „Herzklopfen".

DIE GESCHICHTE

Seebrücke in Sellin

Die Ostseestrände sind noch jung – zumindest im Vergleich mit dem Alter der Erde. Sie entstanden erst vor etwa 12.000 Jahren. Riesige Gletscher hatten sich damals von Norden aus über das heutige Mecklenburg-Vorpommern gewälzt. Als die Eiszeit zu Ende ging und es wieder wärmer wurde, floss das geschmolzene Wasser in Rinnen ab. Flüsse und Seen bildeten sich – und ein Meer entstand, die Ostsee.

Im frühen Mittelalter, ab dem 5. Jahrhundert, ließen sich auf dem neu geformten Land Slawen nieder und an der Küste siedelten Wikinger und trieben Handel. Im 12. Jahrhundert eroberte Heinrich der Löwe, der Herzog von Sachsen, das Land. Der mächtige Herrscher ließ Schwerin bauen. Die Küstenstädte Rostock, Stralsund und Wismar schlossen sich 100 Jahre später der Hanse an, einem Verbund von Handelsstädten. Die in Rostock gebauten dickbäuchigen Handelsschiffe, die Koggen, waren auf allen Weltmeeren unterwegs. Durch den Handel wuchsen die Hafenstädte, Kaufmänner bauten Häuser aus rotem Backstein, einige von ihnen stehen noch heute.

Nach der Blütezeit der Hanse und dem Ende des Mittelalters im 16. Jahrhundert wuchsen die Städte in der Region aber nicht in dem Maße weiter wie in anderen Teilen des Reichs. Die Gegend blieb ländlich.

Der Dreißigjährige Krieg im 17. Jahrhundert fegte den Landstrich fast leer. 1648, als der Krieg endlich vorbei war, lebten nur noch etwa 50.000 Menschen im Land – zuvor waren es sechsmal mehr gewesen. Der schwedische König herrschte danach über das Herzogtum Pommern im Nordosten des heutigen Bundeslands. Der Westen blieb eigenständig.

Vor 200 Jahren wurden an der Ostseeküste die ersten Strandbäder Deutschlands gebaut. In die Sommerfrische, also in den Urlaub zu fahren, war etwas ganz und gar Neumodisches. Die Anreise war mühsam und dauerte oft mehrere Tage. Die Kutschen holperten über die langen Alleen des Landes.

Zu einem Land zusammengefasst wurden Mecklenburg und Vorpommern das erste Mal nach Ende des Zweiten Weltkriegs im Jahr 1945 durch die sowjetische Besatzungsmacht. Die DDR, zu der die Region später gehörte (mehr dazu ab Seite 167), schaffte 1952 die Länder wieder ab. Nach der Wende im Jahr 1990 wurde Mecklenburg-Vorpommern zum zweiten Mal gegründet.

Koggen

DIE WIRTSCHAFT

Die Landwirtschaft spielte in Mecklenburg-Vorpommern schon immer eine bedeutende Rolle, denn die fruchtbaren Böden lassen sich gut bebauen. Nach der Wende mussten aber die meisten landwirtschaftlichen Betriebe schließen, die Maschinen waren zu alt und die Höfe brachten nicht genug Geld ein. Dadurch verloren viele Menschen ihre Arbeit und sie zogen weg. Viele Felder wurden in den folgenden Jahren aufgekauft und heute bewirtschaften die Landwirte große Flächen, auf denen es aber kaum noch Arbeitsplätze gibt, da die meiste Arbeit von Maschinen erledigt wird. Insgesamt verdienen die Einwohner Mecklenburg-Vorpommerns durchschnittlich weniger als die meisten Menschen in Deutschland und die Arbeitslosigkeit ist hoch.

Doch die Lage besserte sich, die Wirtschaft wächst wieder, sogar stärker als in den meisten anderen Bundesländern. Zum Beispiel drehen sich immer mehr Windradflügel über den riesigen Weizen- und Rapsfeldern und auch mitten im Meer.

Hightech-Unternehmen, die etwa Computerprogramme produzieren, haben sich bei den Universitätsstädten Greifswald und Rostock angesiedelt, und der Rostocker Hafen gehört zu den größten Häfen Deutschlands.

Ein wachsender Bereich ist auch der Tourismus. Inzwischen reisen viele Menschen gern nach Mecklenburg-Vorpommern – das Land hat sich zu einem der beliebtesten Urlaubsziele Deutschlands entwickelt.

EINIGE BERÜHMTE MECKLENBURG-VORPOMMERN

Caspar David Friedrich (1774–1840) war ein weltberühmter Landschaftsmaler. Sein Bild vom Königsstuhl auf Rügen ist heute auf der ganzen Welt berühmt.

Joachim Gauck war von 2012 bis 2017 Bundespräsident.

Der DJ Felix Jaehn wuchs in der Nähe von Boltenhagen auf.

Der Schauspieler Matthias Schweighöfer wurde in Anklam geboren.

Das Petermännchen ist ein grimmig guckender Schlossgeist, der auf dem Schweriner Schloss spuken soll.

Petermännchen

DAS IST JA INTERESSANT

In vielen Seebädern gibt es lange Stege, die ins Meer führen. Sie heißen Seebrücken. Die längste Seebrücke ist 508 Meter lang und steht in Heringsdorf.

Müritz ist ein slawisches Wort und bedeutet „kleines Meer".

Schatzsucher können an den Ostseestränden Hühnergötter finden. Die schwarz-weißen Feuersteine mit einem Loch gelten als Glücksbringer.

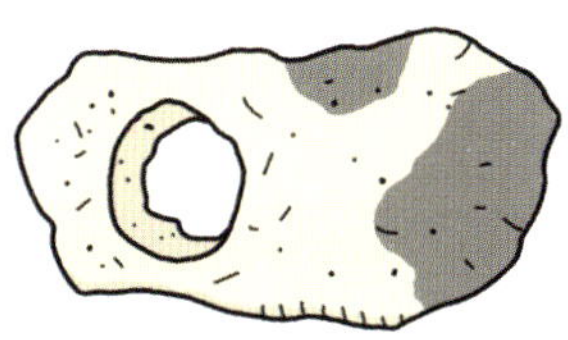

Hühnergötter

1 Saurhusen / Kirchturm
2 Emden / Leuchturm
3 Ems
4 Papenburg
5 Oldenburg
6 Bremerhaven
7 Elbe
8 Worpswede
9 Lüneburger Heide
10 Osnabrück
11 Hannover
12 Wolfsburg
13 Wurmberg / der Harz
14 Göttingen

Größe: 47.710 km²
Einwohner: etwa 7,9 Mio.
Landeshauptstadt: Hannover, etwa 533.000 Einwohner
Besonderheiten: Das Bundesland mit den meisten Nachbarländern
Spezialitäten: Grünkohl mit Kassler, Spargel, Heidschnuckenbraten, Krabben

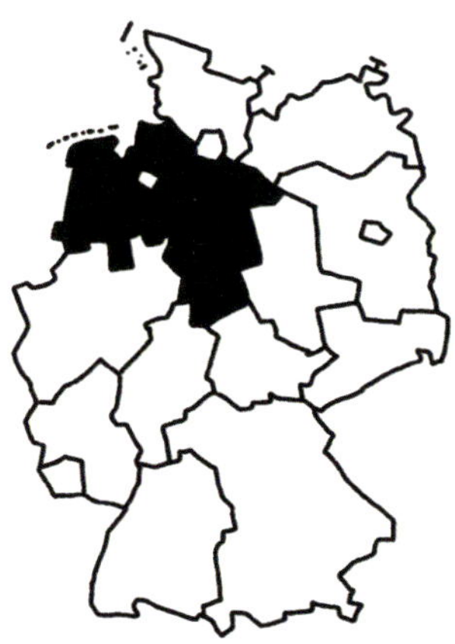

Flach und groß: Niedersachsen ist größer als Dänemark und das zweitgrößte Bundesland (nach Bayern). In den acht Großstädten ist einiges los, doch die meisten Menschen wohnen in kleinen oder sehr kleinen Orten (in denen natürlich auch ganz schön viel los ist …).

LAND UND LEUTE

Im Süden Niedersachsens liegt der Harz, das nördlichste deutsche Mittelgebirge. Von hier aus wird es Richtung Norden immer flacher. Libellen schwirren über weite Moorlandschaften, Schafe rupfen am Heidekraut und Kühe weiden auf Wiesen, die von kleinen Kanälen durchzogen sind. Irgendwann wird die Luft salzig und hinter einem Deich schwappt die Nordsee an die nördliche Bundesland-Grenze. Ungebremst pustet hier der Wind den Menschen durchs Haar und all den Schafen, Kühen und Pferden durchs Fell – vor allem den Pferden, denn Niedersachsen ist ein „Pferdeland". Sogar das Wappentier ist ein Pferd. Es wird Sachsenross genannt, weil schon die ersten Herrscher der Region, die Sachsen, Pferde besonders mochten. Auf der Dachspitze alter Bauernhäuser, Hallenhäuser oder auch Niedersachsenhäuser genannt, kreuzen sich zwei hölzerne Pferdeköpfe. Eine beliebte und erfolgreiche Sportpferderasse sind die Hannoveraner. Gezüchtet werden sie in Verden, einer kleinen Stadt an der Aller, einem Nebenfluss der Weser. Landeshauptstadt und die größte Stadt des Bundeslands ist Hannover. Hier soll das dialektfreieste Deutsch gesprochen werden, also das reinste Hochdeutsch. Auf dem Land in Niedersachsen „snacken" einige Menschen noch Platt und das verstehen höchstens besonders „pfietsche" (das heißt „schlaue") Fremde, denn Platt ist kein Dialekt, sondern eine ganz eigene Sprache.

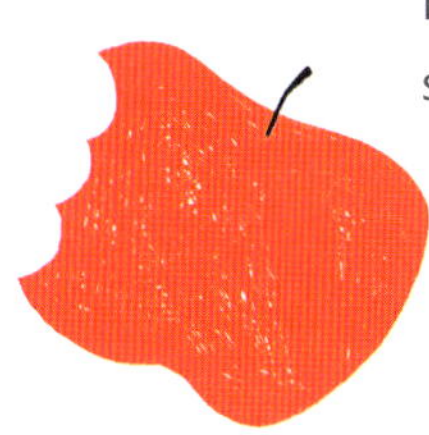

Vor der Nordseeküste liegen die Ostfriesischen Inseln, die kleinste heißt Baltrum, sie lässt sich zu Fuß in weniger als drei Stunden umrunden. Wer dann eine Pause braucht, sollte eine leckere Tasse Tee probieren. Von seinem Lieblingsgetränk trinkt jeder Ostfriese etwa zwölfmal so viel wie andere Deutsche. Zwischen den Inseln und der Küste liegt das Wattenmeer. In dieser besonderen Landschaft sind mehr als 10.000 Tier- und Pflanzenarten zu Hause.

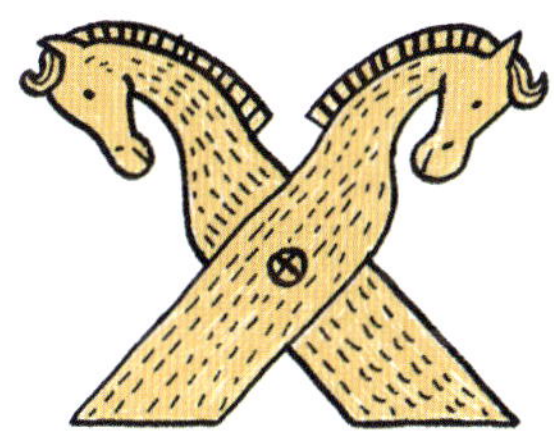

Ein Blütenmeer entsteht jedes Jahr im Frühling im „Alten Land", einer Region in der Nähe von Hamburg. Nirgendwo sonst in Deutschland wachsen so viele Obstbäume wie hier. Angebaut werden vor allem Äpfel, aber auch Kirschen und Birnen. Durch das Alte Land strömt die Elbe in Richtung Nordsee. Der längste Fluss des Bundeslands ist sie aber nicht, das ist die Weser. Sie mündet in der größten Stadt der deutschen Nordseeküste ins Meer: in Bremerhaven (das gehört allerdings zum Bundesland Bremen). Nordöstlich liegt die Lüneburger Heide. Hier ziehen Schäfer über die Wiesen und Sandwege. Das Heidekraut ist eine Leibspeise der Heidschnucken, einer alten Schafrasse.

Von dem besonderen Licht und dem weiten Himmel der flachen Landschaft im Norden sind und waren viele Künstler fasziniert. Ein paar Kilometer von Bremen entfernt mitten im Teufelsmoor gründeten einige Maler 1889 in dem kleinen Ort Worpswede eine Künstlerkolonie. Die großen Wälder des Harzes im Süden des Bundeslands sind seit einiger Zeit wieder das Zuhause der größten Wildkatze Europas, dem Luchs. Er schleicht über die von Moos bewachsenen Steine, trinkt aus den Bächen und hält auf den schroffen Felsen des Mittelgebirges Ausschau nach Beutetieren.

DIE GESCHICHTE

Seinen Namen verdankt das Bundesland den Sachsen. Das waren verschiedene Volksstämme, die im 7. Jahrhundert – also vor über 1400 Jahren – in der Region und weit darüber hinaus herrschten. Etwa 500 Jahre später, 1142, wurde Heinrich der Löwe Herzog von Sachsen. Er gehörte zu der einflussreichen Adelsfamilie der Welfen und regierte Sachsen von Braunschweig aus. Dort ließ er einen Dom bauen, die Burg vergrößern und Löwenstatuen aufstellen. Machthungrig wie er war, gelang es ihm, auch noch Herzog von Bayern zu werden. Bald gehörte er zu den mächtigsten Männern in Europa. Jetzt wagte er es sogar, sich mit dem Kaiser des riesigen römisch-deutschen Reichs anzulegen, mit Friedrich I., der wegen seines roten Barts Barbarossa genannt wurde. Mit ihm zu streiten, war keine gute Idee, denn Barbarossa entzog Heinrich die beiden Herzogtümer Sachsen und Bayern. Trotzdem herrschten die Welfen noch lange in der Region. Und sie gewannen wieder Einfluss, denn sie hatten Verwandte im englischen Königshaus. So kam es, dass Kurfürst Georg Ludwig 1714 Georg I. König von Hannover und England wurde. Damit war Hannover nun gleichzeitig Fürsten- und Königssitz. Die Stadt blühte auf. Leider ist nicht viel übrig geblieben aus dieser Zeit, denn im Zweiten Weltkrieg wurden Hannover und viele andere niedersächsische Städte durch Bombenangriffe fast völlig zerstört. Nach Kriegsende 1945 unterstand das Gebiet den Briten. Und sie gründeten 1946 das Bundesland Niedersachsen.

EINIGE BERÜHMTE NIEDERSACHSEN

Baron Münchhausen hat sich jede Menge Abenteuer ausgedacht, zum Beispiel, wie er auf einer Kanonenkugel durch die Luft geritten ist. In Wirklichkeit flogen die Kanonenkugeln ohne ihn und er lebte bis zu seinem Tod 1797 in Bodenwerder.

Die Streiche von Max und Moritz hat sich Wilhelm Busch ausgedacht. Und der wurde in Wiedensahl geboren.
Der Komiker Otto Waalkes ist einer der berühmtesten Ostfriesen. Er leiht seine Stimme dem Faultier Sid in den „Ice Age"-Filmen.

DIE WIRTSCHAFT

Viele Niedersachsen wohnen an Orten, an denen Menschen aus anderen Bundesländern Urlaub machen, etwa im Harz und an der Nordseeküste. Darum arbeiten viele Niedersachsen in der Tourismusbranche, sie vermieten zum Beispiel Ferienwohnungen. Eine noch größere wirtschaftliche Rolle spielt die Landwirtschaft. In diesem Bereich wird in Niedersachsen mehr Geld verdient als in jedem anderen Bundesland. In Ställen und auf den Weiden leben jede Menge Nutztiere, unter anderem fast 9 Millionen Schweine – das bedeutet, dass mehr Schweine als Menschen in Niedersachsen zu Hause sind. Und noch mehr Hühner ...
Rund die Hälfte aller in Deutschland geernteten Kartoffeln und jeder vierte Apfel stammt aus dem Bundesland. Die meisten Niedersachsen arbeiten aber nicht im Tourismus oder in der Landwirtschaft, sondern in der Industrie: zum Beispiel im Schiffbau, in der Stahl- oder in der Autoproduktion. In Wolfsburg, wo etwa 124.000 Menschen leben, hat sogar fast jeder erwachsene Einwohner mit der Produktion von Autos zu tun. Mehr als 70.000 Menschen stellen hier jährlich fast 800.000 Autos her.

DAS IST JA INTERESSANT!

Das meistgeküsste Mädchen der Welt ist die Gänseliesel, eine Brunnenfigur in Göttingen. Vor über 100 Jahren fingen Studenten an, auf den Brunnen zu klettern, um die Figur zu küssen. Viele tun das auch heute noch.

Die CeBIT in Hannover ist die größte Computermesse der Welt.
In Bad Bevensen gibt es jedes Jahr einen Kräh-Wettbewerb für Hähne. Etwa 100 Hähne treten im Kurpark gegeneinander an.
Bei Emden steht der mit 65 Metern höchste Leuchtturm Deutschlands. Sein Licht ist noch in rund 55 Kilometern Entfernung zu sehen.
Der schiefste Turm der Welt ist der Kirchturm von Suurhusen. Er wurde 1450 auf Holzstämmen gebaut. Als die verfielen, neigte sich der Turm zur Seite.

1 Rheinland
2 Münster
3 Bielefeld
4 Externsteine
Eggegebirge
Teutoburger Wald
5 Zeche Zollverein
6 Duisburg
7 Essen
8 Dortmund
9 Düsseldorf
10 Wuppertal
11 Köln
12 Aachen
13 Nationalpark Eifel
14 Bonn
15 Siebengebirge
16 Rothaargebirge
17 Winterberg

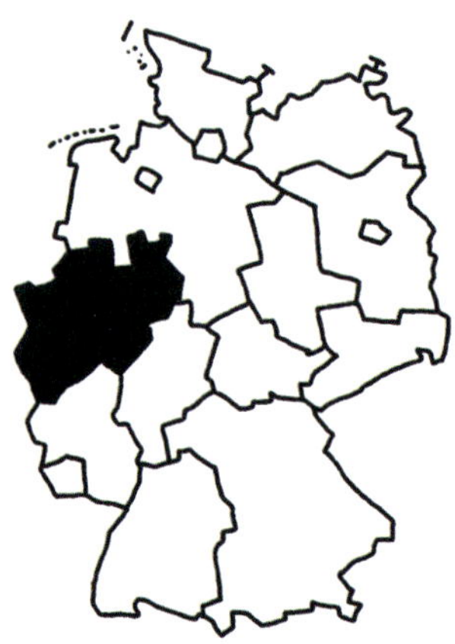

Größe: 34.113 km²
Einwohner: etwa 17,9 Mio.
Landeshauptstadt: Düsseldorf, 640.000 Einwohner
Besonderheiten: Karneval und Fußball spielen im Ruhrgebiet eine sehr große Rolle.
Spezialitäten: Pfefferpotthast (Eintopf mit Rindfleisch und Zwiebeln), Rheinischer Sauerbraten, Lippischer Pickett (pfannkuchenähnliches Gericht)

Im Westen gelegen, hat NRW mehr Einwohner als jedes anderen Bundesland und mehr als Österreich und die Schweiz zusammen. Das Land ist groß und abwechslungsreich, die Menschen gelten als munter und sie feiern gern.

LAND UND LEUTE

Trotz der vielen Menschen ist auch Platz für Wildkatzen, Luchse und Schwarzstörche. Die Tiere leben in ausgedehnten Wäldern, in Mooren, an Seen oder Flüssen, in Sümpfen und an Tümpeln. Viele haben ihre Heimat in einem der zwölf Naturparks des Bundeslands oder im Nationalpark Eifel.

Die einheimischen Wildkatzen werden „Eifeltiger" genannt.

Die Eifel erstreckt sich über Nordrhein-Westfalen und Rheinland-Pfalz. Der höchste Berg, die Hohe Acht, ist 747 Meter hoch und gehört zu Rheinland-Pfalz. Er sieht aus wie ein Hexenhut mit einer runden Spitze. An dieser Form kann man erkennen: Die Hohe Acht und 350 andere Berge in der Region sind Vulkane. Vor über 10.000 Jahren quollen Asche und Lava aus ihnen, inzwischen wächst dichter Wald auf den Kuppen. Neben der Eifel liegen noch andere Mittelgebirge, zum Beispiel das Rothaargebirge und das Siebengebirge mit dem Drachenfels.

Im Nordosten des Bundeslands dehnen sich Eggegebirge und Teutoburger Wald aus. Und mitten im Teutoburger Wald stehen steile Felsen, die Externsteine, dicht nebeneinander, fast so, als hätte ein Riese damit gespielt.

Obwohl es viele kleine Orte mit Fachwerkhäusern an hübschen Marktplätzen gibt, leben die meisten Menschen des viertgrößten Bundeslands in einer Großstadt. Davon gibt es hier mehr als in jedem anderen Bundesland, nämlich 29. Die größte von ihnen ist Köln. Die Landeshauptstadt ist allerdings Düsseldorf, sie befindet sich etwas südlich des Ruhrgebiets. Im Ruhrgebiet liegen die Städte so eng beieinander, dass man kaum noch erkennen kann, wo die eine aufhört und die nächste anfängt.

Die Externsteine sind etwa 40 Meter hoch und 70 Millionen Jahre alt.

DIE GESCHICHTE

Was hier im Laufe der Zeit alles los war!
Gar nicht weit entfernt von der Stelle, an der heute die beiden Fußballvereine FC Schalke 04 in Blau-Weiß und Borussia Dortmund in Schwarz-Gelb um den Ball kämpfen, stapften einst Neandertaler mit ihren Steinzeitfreunden durch dichten Urwald. Viele Tausend Jahre später im Jahr 9 nach Christus prügelten sich in dieser Gegend die Römer mit den Germanen. Und um das Jahr 800 herrschte Karl der Große von hier aus über ein riesiges Reich, das sich von der Nordsee bis ins heutige Italien und von Tschechien bis nach Spanien ausdehnte. Bischöfe und Adelige ließen Burgen, Klöster und Kirchen errichten. Handelsschiffe beladen mit Seide, Gewürzen und anderen wertvollen Waren fuhren den Rhein hinauf ins Inland. Durch den Handel blühten die Städte an seinem Ufer. Im Hochmittelalter, in der Zeit zwischen dem 11. und dem 13. Jahrhundert, fingen die Menschen an, Kohle aus der Erde zu graben, um damit zu heizen.
Wieder Hunderte Jahre später machte das „schwarze Gold" das Ruhrgebiet zu der am dichtesten besiedelten Region Nordrhein-Westfalens. Mit der Kohle betrieben die Menschen in dieser Zeit Kraftwerke, in denen Strom gewonnen wurde. Das Ruhrgebiet ist der Grund, dass es Nordrhein-Westfalen überhaupt gibt: Bis zum Zweiten Weltkrieg gehörte ein Teil davon zu Westfalen und der andere zu der Provinz Rheinland. Die Engländer besetzten den nördlichen Teil des Rheinlands und die Provinz Westfalen und fassten nach Kriegsende beide zu einem Bundesland zusammen. Das wurde „Operation Hochzeit" genannt.

Der Thron, von dem aus Karl der Große einst regierte, steht heute im Aachener Dom.

INTERVIEW MIT NORDRHEIN-WESTFALEN

Die Rheinländer und die Westfalen gelten als sehr unterschiedlich. Wir haben ein kurzes Gespräch mit den beiden Teilen des Bundeslands geführt:

Frau Westfalen, schön, dass Sie da sind. Wo ist denn Herr Rheinland?

Frau Westfalen:
Wie immer zu spät! Aber der kommt schon noch. Er redet viel zu gern, um ein Interview zu verpassen.

Sie scheinen Ihren Mann ja nicht besonders zu schätzen …

Frau Westfalen:
Sehr richtig! Ich habe ihn auch nicht freiwillig geheiratet. Nach dem Zweiten Weltkrieg wurden wir einfach zu einem Bundesland zusammengefasst!

Oh, das tut mir leid. Ah, Herr Rheinland, da sind Sie ja!

Herr Rheinland:
Tach! Und Entschuldigung, dass ich zu spät bin, aber wenn der Karnevalsverein tagt, kann ich nicht fehlen. Kölle alaaf und Helau! Darf ich Ihnen ein Bützchen verpassen?

Was??

Frau Westfalen:
Also bitte, Rheinland! Er will Ihnen ein Küsschen geben – ich muss mich für ihn entschuldigen. Diese Küsserei an Karneval ist grässlich!

Was ist denn besonders toll in Nordrhein-Westfalen?

Herr Rheinland:
Die rheinische Frohnatur. Meine Frau lacht ja nicht so gern, von Westfalen sollten Sie sich fernhalten. Aber der rheinische Karneval, der ist lustig!

Frau Westfalen:
Glauben Sie ihm nicht! Außerdem feiern wir im Münsterland auch Karneval. Und das Liborifest, eines der ältesten und größten Volksfeste Deutschlands. Kommen Sie also lieber nach Westfalen. Ich könnte Ihnen auch unsere Wildpferde zeigen und vorher noch ein „Errötendes Mädchen" servieren …

Wie bitte?

Frau Westfalen:
… einen Nachtisch mit westfälischem Pumpernickel, Sahne und Himbeeren.

Ach so!

Herr Rheinland:
Pah – bei uns gibt es den Halven Hahn und viele andere Köstlichkeiten.

Frau Westfalen: Nun ja, Roggenbrötchen mit Käse, nicht gerade originell, finde ich …

Äh ja, hier scheint es noch reichlich Diskussionsstoff zu geben. Trotzdem: Vielen Dank für das Gespräch.

DIE WIRTSCHAFT

Vor über 100 Jahren zogen mehr und mehr Menschen ins Ruhrgebiet. Sie kamen, weil sie hier Arbeit fanden, zum Beispiel als Bergarbeiter. Dann schufteten sie im Schacht einer Zeche, einem Bergwerk, tief unter der Erde. Oder sie arbeiteten im Stahlwerk an einem glühenden Hochofen, in dem die Kohle aus den Zechen verbrannt wurde, um das Metall zu schmelzen. Stahl war begehrt, Kanonen und Eisenbahnen wurden daraus gefertigt.

Die Arbeit in den Zechen und Fabriken war hart und eintönig. Zum Glück entdeckten die Arbeiter eine Leidenschaft: Fußball. Sie gründeten Mannschaften und traten gegeneinander an. Heute gibt es in Nordrhein-Westfalen mehr Fußballvereine und Proficlubs als in jedem anderen Bundesland. Sonst gab es wenig Grund zur Begeisterung: Aus den Schloten quollen Abgase und verpesteten die Luft. Der Rhein, die Ruhr und andere Flüsse wurden immer dreckiger. Inzwischen ist das anders. Die Ruhr, früher eine stinkende Brühe, ist heute sogar ein Trinkwasserbecken. Und auch sonst hat sich im Pott, wie die Einheimischen zum Ruhrgebiet sagen, viel verändert. Viele Zechen und Stahlwerke mussten schließen, auch weil es heute umweltfreundlichere Möglichkeiten gibt, Strom zu gewinnen. Dafür muss keine Kohle mehr verbrannt werden.

Heute sausen Menschen auf Schlittschuhen an den Schornsteinen und Fabrikhallen vorbei oder sie besuchen Konzerte, Ausstellungen oder eines der Museen.

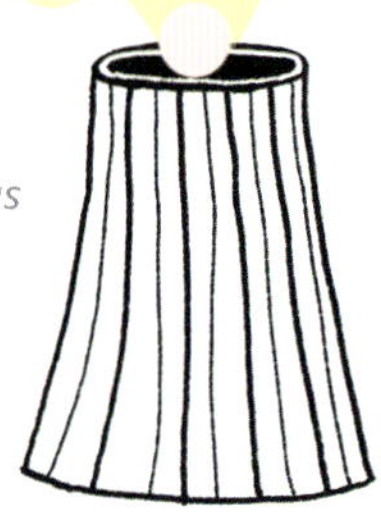

Im Laufe der Jahre wurde das schmuddelige Ruhrgebiet sauber.

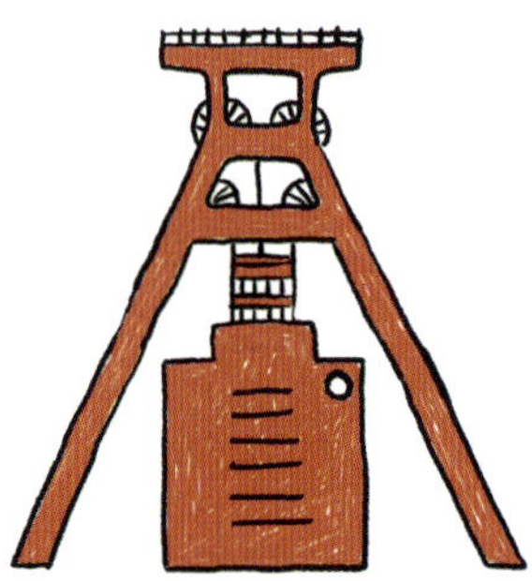

1986 wurde Zeche Zollverein in Essen stillgelegt und danach aufwendig umgebaut.

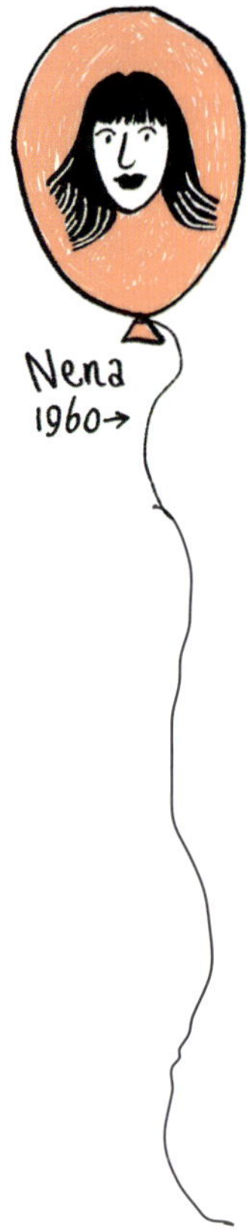

EINIGE BERÜHMTE NORDRHEIN-WESTFALEN

Konrad Adenauer, der erste Bundeskanzler der Bundesrepublik, kam 1876 in Köln auf Welt.
Ludwig van Beethoven (geb. 1770 in Bonn) spielte schon mit fünf Jahren Klavier und wurde zu einem weltberühmten Pianisten, Komponisten und Kapellmeister.
Heinrich Heine (geb. 1797 in Düsseldorf) ist ein weltberühmter Dichter. Annette von Droste-Hülshoff (geb. 1797), gehört zu den bekanntesten deutschen Dichterinnen.
Und auch die Musiker Nena und Udo Lindenberg stammen aus NRW.

Und dann ist da noch das …
… Gummibärchen. Der Bonbonkocher Hans Riegel hat vor rund 100 Jahren in Bonn einige Zutaten so zusammengemischt, dass daraus Fruchtgummi wurde. Das goss er in eine Bärenform und das erste Gummibärchen kam zur Welt.

DAS IST JA INTERESSANT!

NRW hat mehr als 3200 Naturschutzgebiete.

Die höchste Eisenbahnbrücke (Müngstener Brücke, 107 m Höhe) und die größte Tropfsteinhöhle Deutschlands liegen in NRW. Von der Atta-Höhle sind knapp 7 km erforscht, sie ist aber noch viel größer.

Millionen Besucher strömen jedes Jahr zum Kölner Dom. Die Türme der Kirche ragen 157 m in den Himmel. Im Jahr 1248 wurde mit dem Bau begonnen – und rund 630 Jahre später war er endlich fertig.

Kölner Dom

Tuffi auf dem Weg nach unten.

1950 sprang ein Zirkuselefant bei einer Werbefahrt aus der Wuppertaler Schwebebahn, stürzte ungefähr zehn Meter tief und platschte in die Wupper. Zum Glück landete die Elefantendame weich und blieb bis auf eine Schramme am Po unverletzt.

Rund 850 Schlösser und Burgen gibt es in Nordrhein-Westfalen.

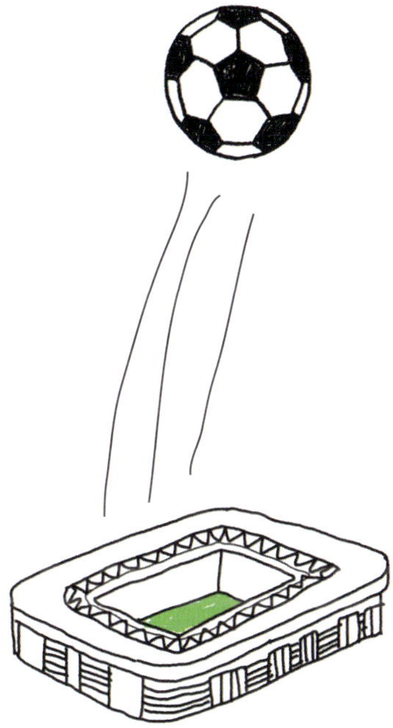

Das Fußballstadion in Dortmund ist das größte in Deutschland. 81.360 Fans können dort ihre Mannschaft anfeuern.

Nordrhein-Westfalen gilt als „Stau-Land". Nirgendwo in Deutschland gibt es so viele Staus.

1 Eifel
2 Nürburgring
3 Laacher See
4 Westerwald
5 Koblenz
5 Deutsches Eck
6 Taunus
7 Hunsrück
8 Mosel
9 Porta Nigra
10 Trier
11 Erbeskopf
12 Mainz
13 Rhein
14 Burg Lichtenberg
15 Kaiserslautern
16 Bad Dürkheim
17 Worms
18 Pfälzerwald
19 Hambacher Schloss
20 Dom zu Speyer
21 Burg Trifels
22 Loreley
23 Hohe Acht

Größe: 19.854 km²
Einwohnerzahl: etwa 4,1 Mio.
Landeshauptstadt: Mainz, etwa 215.000 Einwohner
Besonderheiten: Elwetritsche gibt es nur in der Pfalz. Die Fabelwesen sind eine Mischung aus Hühnern, Enten, Gänsen, Feen und Kobolden.
Spezialitäten: Zwiebelkuchen ist ein Kuchen mit Zwiebeln und Speck. Besonders häufig gibt es ihn im Herbst kurz nach der Weinernte. Wer mag, kann auch den Pfälzer Saumagen mal probieren …

Wälder, Schlösser, Burgen und Wein – davon hat das Bundesland im Südwesten Deutschlands reichlich zu bieten. Schon vor über 2000 Jahren bauten die Römer auf den sonnigen Hängen von Rheinland-Pfalz Wein an – das hat sehr gut funktioniert und sie sind damit reich geworden. Die größten deutschen Weinanbaugebiete liegen hier und auch der steilste Weinberg Europas.

LAND UND LEUTE

Der Pfälzerwald im Süden des Landes ist der größte Wald Deutschlands: Fast 1800 Quadratkilometern sind es – da würde der Stadtstaat Hamburg zweimal hineinpassen. Durch diesen Wald schleichen die meisten Wildkatzen in Mitteleuropa. Früher zogen auch ziemlich viele Ritter durch diese Gegend. Rund 500 Burgen hatten reiche Adelige im Mittelalter allein in der Region Pfalz errichten lassen. Heute thronen noch 120 auf den Hügeln, die meisten von ihnen sind allerdings inzwischen Ruinen.

Auch der Teufel höchstpersönlich besuchte einer Sage zufolge mal den Pfälzerwald. Als er aber keinen Rastplatz fand, schleuderte er voller Wut zwei Felsen auf eine Waldlichtung, um daran zu speisen.

Die Sage vom wütenden Teufel ist vielleicht der Redefreudigkeit der Pfälzer zu verdanken. Der Pfälzer würde gern „babbeln", heißt es jedenfalls. Dabei verwendet er häufig das Wort „Alla". Es kommt vom französischen „aller" (gesprochen: allee; das bedeutet „gehen"), aber der Pfälzer kann mit „alla" fast alles ausdrücken, je nachdem, wie er das Wort betont. „Alla dann" heißt zum Beispiel „Bis dann", „Alla hopp" bedeutet „Also gut".

Am Waldesrand beginnt das „Land der tausend Hügel": Rheinhessen, die waldärmste Region Deutschlands. Hier ist es besonders warm und sonnig. Neben Wein gedeihen sogar Feigen- und Zitronenbäume – und die sind eigentlich in südlicheren Ländern heimisch.

Wer auf dem Rhein, dem längsten Fluss des Bundeslands, von hier aus nach Norden fährt, schippert an einem berühmten Wahrzeichen vorbei: der Loreley. Früher war die Stelle bei St. Goarshausen sehr gefährlich, weil hier ein Felsen weit in den Strom hineinragte und sich Wasserstrudel bildeten. Die Schiffer erzählten sich von einer Meerjungfrau, die auf dem Felsen saß und sich mit einem goldenen Kamm ihr langes Haar kämmte. Hingerissen von ihrem Gesang und ihrer Schönheit achteten die Seeleute nicht mehr auf den Weg und ihre Schiffe sanken. Der Felsen heißt heute noch Loreley nach der schönen Meerjungfrau aus der Sage.

Gewunden und tief eingegraben zwischen den Mittelgebirgen Eifel und Hunsrück (mit dem höchsten Berg des Bundeslands, dem 816 Meter hohen Erbeskopf), strömt die Mosel durch das Land. Einige Berge westlich der Mosel spuckten früher einmal Lava: In der Eifel gab es Vulkane! Wo heute der größte See des Bundeslands, der Laacher See ist, stand vor Jahrtausenden ein Vulkan. Nachdem all die glühende Lava aus seinem Inneren gequollen war, brach er ein, übrig blieben nur die Ränder und in dem Kessel sammelte sich Wasser. Das alles ist sehr lange her, vor rund 10.000 Jahren hat zum letzten Mal ein Vulkan in der Eifel Feuer gespuckt.

DIE GESCHICHTE

Die älteste Kirche Deutschlands steht in der ältesten deutschen Stadt und das ist Trier. Gegründet wurde Trier im Jahr 16 v. Christus von dem römischen Kaiser Augustus, nachdem seine Soldaten die Region erobert hatten. Die Römer errichteten Thermen und ein Amphitheater und schützten die Stadt mit wuchtigen Stadtmauern und prächtigen Toren vor Feinden.
Ende des dritten Jahrhunderts nach Christus wurde die Stadt Bischofssitz. Kurze Zeit später begannen die Römer mit dem Bau des Doms. Im Jahr 330 hatten sie es geschafft. Trier entwickelte sich zur größten römischen Stadt nördlich der Alpen. Doch der Glanz währte nicht mehr lange. Anfang des 5. Jahrhunderts eroberten die Germanen die Stadt.
Im Mittelalter bestand die Region des heutigen Rheinland-Pfalz aus vielen kleinen Reichen, über die Bischöfe, Fürsten und andere Adelige herrschten. Die Erzbischöfe von Mainz, der heutigen Landeshauptstadt, zählten zu den mächtigsten Männern des römisch-deutschen Kaiserreichs. Sie waren Bischof und Fürst zugleich und sie gehörten zu den Reichsfürsten, die den römisch-deutschen Kaiser wählen durften. Als Zeichen ihrer Macht ließen sie den Mainzer Dom bauen, der 1239 eingeweiht wurde. Auch durch ihre prächtigen Burgen wollten die Herrscher ihre Macht demonstrieren. Viele Burgen des Bundeslands wurden im Krieg niedergebrannt.

Heute ist der Dom die älteste Kirche Deutschlands.

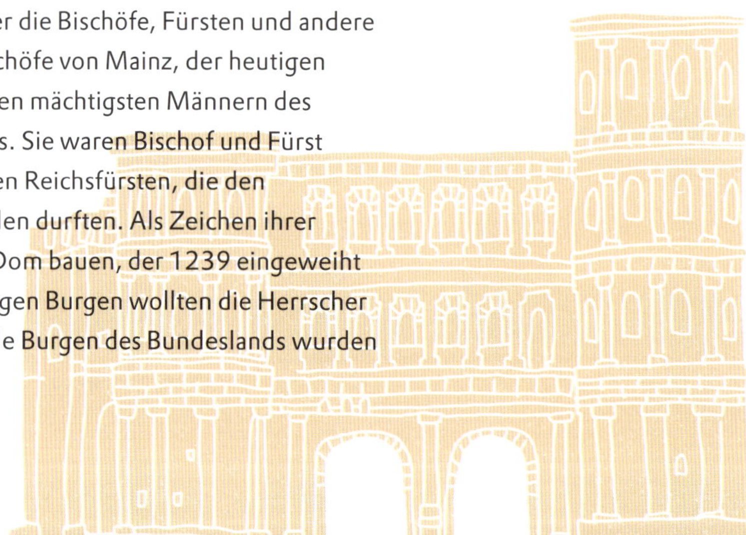
Die „Porta Nigra" ist Triers Wahrzeichen. Das Stadttor ist das am besten erhaltene römische Stadttor in Deutschland.

Ende des 18. Jahrhunderts besetzten französische Soldaten die Pfalz. Bis 1815 blieb die Region französisch. In Frankreich hatte das Volk zu dieser Zeit gerade seinen König abgesetzt und mehr Rechte für alle erkämpft. Die neuen freieren Gesetze galten nun auch in der Pfalz. Als die Region nach 1815 bayerisch wurde, verschwanden zwar die französischen Soldaten und mit ihnen die freieren Gesetze, nicht aber die demokratischen Ideen. Und so kam es 1832 auf dem Hambacher Schloss zu einem als Fest getarnten Protest. Auf dem „Hambacher Fest" forderten mutige Männer in Reden mehr Rechte für das Volk und mehr Freiheit.
Der Süden des heutigen Bundeslands gehörte also lange zu Bayern, die Region rund um die Landeshauptstadt Mainz zu Hessen, der Norden zu Preußen. Zu einem Bundesland wurden die Regionen erst nach dem Zweiten Weltkrieg. Damals besetzten die Franzosen das Land und 1946 gründeten sie Rheinland-Pfalz.

DAS IST JA INTERESSANT

Auf dem Nürburgring in der Eifel rasen die Autorennfahrer aus aller Welt um die Kurven.
In Bad Dürkheim wird das weltgrößte Weinfest gefeiert, der Wurstmarkt. So heißt das Fest, weil dort im 19. Jahrhundert so viel Wurst gegessen wurde.
Bis zu 60 Meter hoch ist die Fontäne des größte Kaltwassergeysirs der Welt, dem Geysir von Andernach.

EINIGE BERÜHMTE RHEINLAND-PFÄLZER

Hildegard von Bingen (1098–1179) war eine berühmte Nonne. Sie war Leiterin eines Klosters und beriet den Kaiser.
Die Sängerin Helene Fischer verbrachte ihre Kindheit in Wöllstein.
Johannes Gutenberg (1400–1468) erfand vor etwa 570 Jahren den Buchdruck.
Helmut Kohl war 16 Jahre lang Bundeskanzler.
Der amerikanische Schauspieler Bruce Willis wurde in Idar-Oberstein geboren.

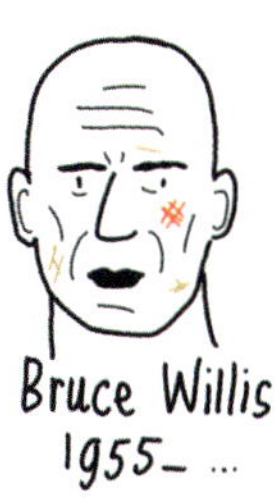

DIE WIRTSCHAFT

Heute steigt kein Rauch mehr aus Vulkanschloten der Vulkaneifel, dafür aber aus Fabrikschloten in Ludwigshafen. Dort steht der größte Chemiekonzern der Welt. Die etwa 39.000 Mitarbeiter des Unternehmens stellen beispielsweise Kunststoffe her.
Viele Menschen verdienen ihr Geld auch mit der Produktion von Wein. Angebaut werden aber auch Obst und Kartoffeln – und Radieschen. Vier von fünf deutschen Radieschen stammen aus Rheinland-Pfalz.
Das Bundesland ist zudem die Heimat des größten deutschen Fernsehsenders. Das ZDF sendet von Mainz aus.
Deutsche Hauptstadt der Edelsteine ist Idar-Oberstein: Nirgendwo sonst werden so viele Edelsteine geschliffen und glänzend poliert wie in der kleinen Stadt am Fuß des Hunsrücks.

1 Villa Nennig
2 Saarschleife
3 Villa Borg
4 Völklinger Hütte
5 Saarbrücken Historisches Museum
6 Hinkelstein Blieskastel
7 Homburg
8 Schaumbergturm
9 Bostalsee
10 Förderturm

Größe: 2.571 km²

Einwohner: etwa 1 Mio.

Landeshauptstadt: Saarbrücken, 189.000 Einwohner

Besonderheiten: Die Nähe zu Frankreich und zur französischen Lebensart

Spezialitäten: Dibbelabbes (Kartoffelgericht mit Fleisch), Hoorische (längliche Kartoffelklöße), Gegrilltes

360.000 Fußballfelder – so groß etwa (oder besser: so klein) ist die Fläche von Saarland. Das hügelige Bundesland ist der kleinste Flächenstaat in Deutschland. Es grenzt an Frankreich und Luxemburg und ist das „französischste" deutsche Bundesland. Von Saarbrücken kann man sogar mit der Straßenbahn und mit Linienbussen über die Grenze nach Frankreich fahren.

LAND UND LEUTE

Im Saarland leben knapp 1 Million Menschen, von ihnen sind etwa 170.000 unter 20 Jahren. Nur jeder sechste Einwohner ist also ein Kind, das ist ganz schön wenig. Die meisten Saarländer leben auf dem Land und haben ein Auto.

Das brauchen sie, zumindest, wenn sie nicht in Saarbrücken wohnen, denn zwischen den kleinen Orten fahren Busse nicht so häufig. Dafür schlängeln sich etwa 1500 Kilometer Wanderwege durch das hügelige Bundesland. Naturliebhaber können durch einen der zahlreichen Wälder streifen und zwischendurch die Füße in einen See baumeln lassen. Oder vielleicht fahren sie auch mit dem
Fahrrad an der Saar entlang und kommen an die berühmte Saarschleife. Hier fließt die Saar in einem großen Bogen um einen Bergrücken herum.

schwenken

Da Frankreich so nah ist, haben die Saarländer viele Gewohnheiten der Franzosen übernommen, zum Beispiel ihre Vorliebe für gutes Essen. In dem kleinen Bundesland leben immerhin 2 der 102 besten Köche der Welt. Der Saarländer isst aber auch gern Hausmannskost und grillt leidenschaftlich gern. Grillen wird hier „schwenken" genannt. Kinder, die im Saarland aufwachsen, lernen schon früh Französisch, spätestens in der Grundschule fangen sie damit an, viele sogar schon im Kindergarten. In keinem anderen Bundesland gibt es so viele Kindergärten, in denen zwei Sprachen gesprochen werden.

DIE GESCHICHTE

Das Saarland gehörte immer mal wieder zu Frankreich, zuletzt nach dem Zweiten Weltkrieg. Im Jahr 1945 übernahm eine französische Militärregierung die Kontrolle über das Saarland und machte das kleine Land zu einem eigenen Staat – mit fast allem Drum und Dran, sogar mit einer eigenen Fußballnationalmannschaft.
1955 entschieden sich die Saarländer dann allerdings in einer Volksabstimmung dafür, wieder zu Deutschland zu gehören.
Das lag vor allem an der deutschen Wirtschaft: Die wuchs damals nämlich sehr schnell – heute wird von einem „Wirtschaftswunder" gesprochen. Die meisten Menschen in Deutschland hatten Arbeit und verdienten genug. Und das wollten die Saarländer auch gern.
Am 1. Januar 1957 war es dann so weit: Das Saarland gehörte als neues Bundesland zur Bundesrepublik.

DIE WIRTSCHAFT

„Hauptsach gudd gess, geschafft hann mir schnell", sagt der Saarländer. Aus dem Dialekt ins Hochdeutsche übersetzt heißt das so viel wie: „Hauptsache, wir haben gut gegessen, dann können wir auch ordentlich anpacken." Früher haben viele Saarländer im Bergbau gearbeitet. Sie schufteten viele 100 Meter tief unter der Erde in einem der Bergwerke und holten zwischen 1850 und 2012 tonnenweise Kohle aus dem Boden. Oder sie verdienten ihren kargen Lohn in einem Eisenwerk, in dem die Kohle verfeuert wurde, um Metall zu schmelzen.

Aus dem Stahl wurden dann zum Beispiel Eisenbahnen gebaut. Das größte Eisenwerk des Saarlands war die Völklinger Hütte. Über 100 Jahre spuckten hier zahlreiche Hochöfen Feuer in den Himmel. 1986 wurde die Hütte geschlossen, die Produktion lohnte sich nicht mehr, auch weil es günstiger war, Eisen aus anderen Teilen der Welt einzukaufen. Inzwischen ist das Werk ein Denkmal, weil es das einzige alte Eisenwerk der Welt ist, das noch vollständig erhalten ist. Heute arbeiten viele Saarländer in der Auto-, Stahl- und Maschinenbaubranche.

die Völklinger Hütte

DAS IST JA INTERESSANT!

Das Saarland gehört zu den sonnigsten und wärmsten Regionen in Deutschland.

Ein Drittel des Saarlands ist von Wald bewachsen. Damit belegt es Platz drei nach Hessen und Rheinland-Pfalz.

Leidingen ist der einzige deutsche Ort, bei dem die Grenze zwischen Deutschland und Frankreich in der Mitte der Straße und mitten im Dorf verläuft.

Und in keinem anderen Bundesland sind so viele Menschen katholisch, nicht einmal in Bayern. Europas größte Buntsandsteinhöhlen liegen bei der Stadt Homburg unter einer Festung. Diese Schlossberghöhlen reichen zwölf Stockwerke tief unter die Erde. Arbeiter gruben sie vor über 300 Jahren in den Stein. Sie brauchten den Sand für die Glasherstellung, später für die Eisenindustrie. Heute finden Führungen durch die geheimnisvollen Gänge und Hallen statt.

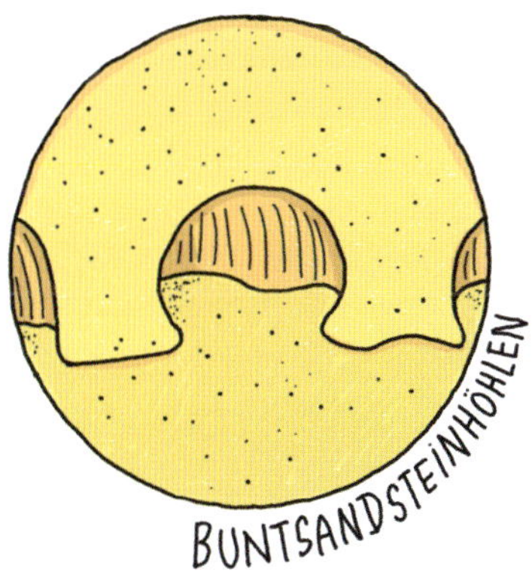

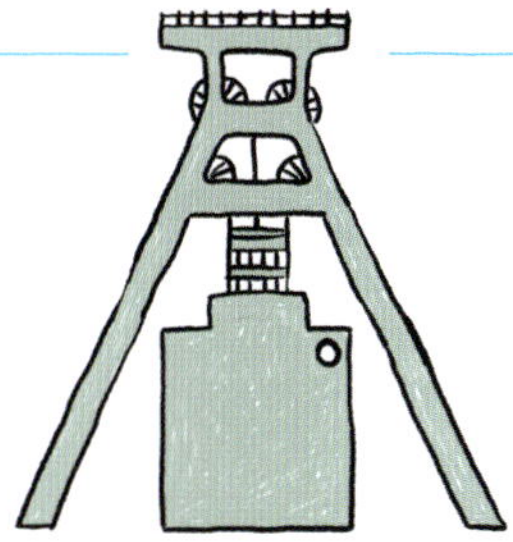

Mit riesigen Fördertürmen wurde in den Bergwerken Kohle über Stahlseile hinaufgehievt. Der größte Förderturm der Welt ist 90 m hoch und steht im Saarland.

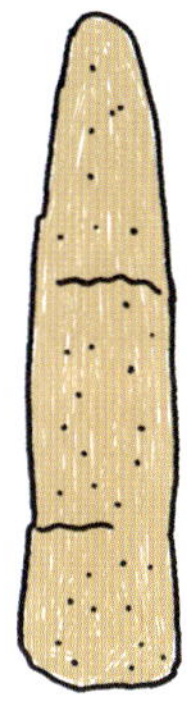

Der größte Hinkelstein Mitteleuropas, der Gollenstein, ein 6,58 m hoher, säulenartiger Steinblock, steht auch im Saarland. Hinterlassen hat ihn nicht Obelix, sondern er stammt von den Kelten, einer Gruppe von Menschen, die vor etwa 4000 Jahren lebten.

EINIGE BERÜHMTE SAARLÄNDER

Erich Honecker war 13 Jahre lang bis zum Mauerfall das Staatsoberhaupt der DDR. Geboren wurde er 1912 im Saarland.

Auch der Politiker Oscar Lafontaine kommt aus dem Saarland. Hier war der ehemalige Chef der Partei Die Linke auch mal Ministerpräsident.

1 Lausitzer Seenland
1 Lausitz
2 Leipzig
3 Leipziger Neuseenland
4 Dresden
5 Zittauer Seenland
6 Görlitz
7 Zittauer Gebirge
8 Elbsandsteingebirge
9 Chemnitz
10 Zwickau
11 Vogtland mit Ziegelsteinbrücke Göltzschtalbrücke
12 Erzgebirge
13 Fichtelberg
14 Elbe

Größe: 18.450 km²
Einwohner: etwa 4,1 Mio.
Landeshauptstadt: Dresden, etwa 557.000 Einwohner
Besonderheiten: Die Wölfe kehren zurück: Etwa 15 Rudel leben in Sachsen.
Besondere Gerichte: Die Dresdner Eierschnecke ist ein leckerer Kuchen (und nicht etwa eine Schnecke mit Ei). Außerdem gibt es Leipziger Allerlei, Bautz'ner Senf, Dresdner Christstollen, Sächsische Quarkkeulchen.

Sachsen nennt sich „Freistaat" – so hieß in früheren Zeiten ein Staat, der nicht von König, Fürst oder anderen mächtigen Adeligen regiert wurde. Das ist auf den ersten Blick erstaunlich, denn Fürsten und Könige beherrschten Sachsen viele Jahrhunderte lang. Doch nach dem Ersten Weltkrieg hatten die Sachsen die Nase voll: Sie wollten sich lieber selbst regieren und erklärten Sachsen deshalb 1919 zum Freistaat.

LAND UND LEUTE

In weiten Teilen Sachsens ist das Land flach oder gerade mal etwas hügelig. Im Süden aber werden die Hänge steiler. Hier beginnt das Erzgebirge. Der 1215 Meter hohe Fichtelberg ist Sachsens höchster Berg.

Und dann ist da noch das Elbsandsteingebirge: Wo heute die 1106 Felstürme dieses Mittelgebirges aufragen, wogte vor 80 Millionen Jahren, als Dinosaurier über die Erde stapften, ein Meer. Darunter lag eine über 600 Meter dicke Schicht aus Sandstein, also zu Stein gepresstem Sand. Als das Wasser im Laufe der Jahrmillionen zurückwich, riss es das weiche Gestein weg und spülte Täler in den Fels. Die aus dem Wald aufragenden Felsen von heute hielten damals dem Wasser stand.

Die Seenlandschaften Lausitzer Seenland im Nordosten und das Leipziger Neuseenland sind erst vor Kurzem entstanden. Als Sachsen noch zur DDR gehörte, wurde hier Braunkohle abgebaut. Die größte Kohlegrube war so riesig, das eine Kleinstadt hineingepasst hätte. Nach der Wende wurden die Bergwerke nicht mehr gebraucht. Kurzerhand füllte man die Krater mit Grundwasser und heute sonnen sich Besucher an den Stränden der neu geschaffenen Seen.

Direkt an der polnischen Grenze liegt die östlichste Stadt Deutschlands: Görlitz. Viele Straßen und Häuser sehen noch immer so aus wie im Mittelalter, darum wurden hier schon einige Hollywood-Filme gedreht, die in dieser Zeit spielen.

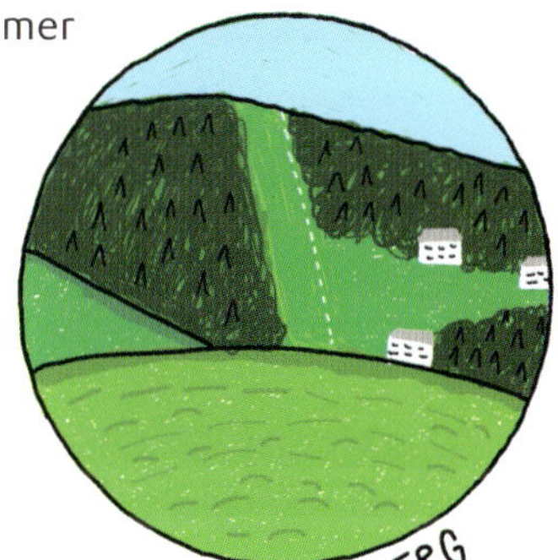
FICHTELBERG

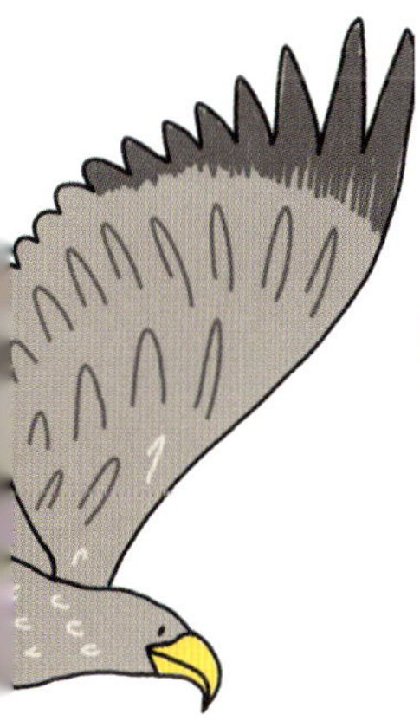

ELBSANDSTEINGEBIRGE

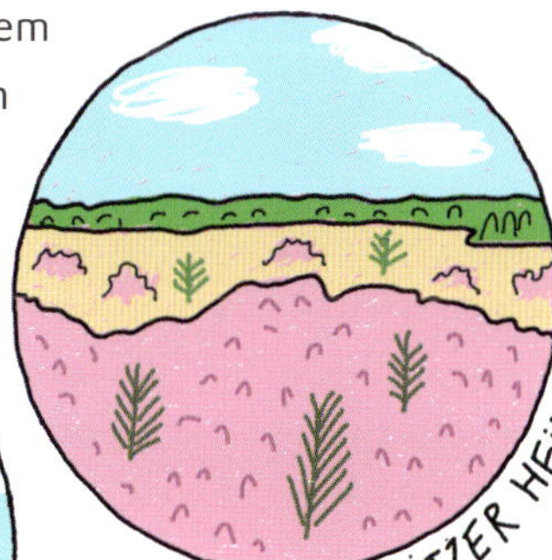
OBERLAUSITZER HEIDE

LEIPZIG

Die Städte Dresden und Leipzig sind ungefähr gleich groß. Um 1510 wurde der Leipziger Markt zur ersten Messe der Welt und bis heute ist Leipzig als Messestadt bekannt.

Auch für Kunstliebhaber ist Leipzig interessant: Sie kommen, um Kunst zu betrachten und zu kaufen. In einer alten Baumwollspinnerei arbeiten berühmte Maler wie Neo Rauch.

Die Sachsen gelten als heeflisch (das heißt „höflich" auf Sächsisch), fischelant (das bedeutet „wachsam") und ein bisschen heemdiksch („schlitzohrig"). Und Humor sollen sie haben. In der Lausitz leben Sorben. Sie sind die Nachkommen eines slawischen Volks, das sich hier im 7. Jahrhundert angesiedelt hat. Die Sorben sprechen neben Deutsch auch Sorbisch. In manchen Schulen Sachsens wird daher auf beiden Sprachen unterrichtet.

Die Gebäude des Dresdner Zwingers wurden nur zum Feiern von Festen errichtet. Heute sind darin Museen untergebracht.

DIE GESCHICHTE

Im 10. Jahrhundert eroberte König Heinrich I. das Gebiet des heutigen Sachsens von den Sorben. Nach ihm regierten dann Herrscher aus verschiedenen adeligen Familien über das Land. Und das gehörte im Mittelalter zu den wohlhabendsten im römisch-deutschen Reich, denn im Erzgebirge wurden Silber, Kupfer und andere wertvolle Metalle abgebaut.
Dennoch war Friedrich August I., Kurfürst von Sachsen, im 17. Jahrhundert in Geldnot. All die prunkvollen Maskenbälle, die Turnierspiele und die Schlittenfahrten, auf denen sich August, der „der Starke" genannt wurde, so gern vergnügte, verschlangen riesige Summen. Er liebte den Prunk und die Frauen. Er soll über 260 Kinder gehabt haben.
Geld brauchte August der Starke auch, um Soldaten zu bezahlen, denn er wollte Krieg gegen Polen führen, um polnischer König zu werden. Die Mittel dafür sollte ihm nun Johann Friedrich Böttger beschaffen, ein junger Mann, der behauptet hatte, er sei Alchemist und könne Gold herstellen. Das stimmte natürlich nicht. Zu seinem Glück hatte er aber mithilfe des Wissenschaftlers Ehrenfried Walther von Tschirnhaus 1708 eine andere Entdeckung gemacht: Sie hatten das Geheimnis der Porzellanherstellung entschlüsselt.
Porzellan war damals so wertvoll wie Gold, aber nur in China wussten die Menschen, wie es gefertigt wurde. Böttger ließ August dem Starken mitteilen, das mit dem Gold habe nicht funktioniert, aber er könne nun „weißes Gold" anbieten – allerfeinstes Porzellan. August der Starke war zufrieden und ordnete 1710 die Gründung der ersten europäischen Porzellanmanufaktur in Meißen an.
Nach dem Zweiten Weltkrieg gehörte Sachsen zur DDR und war in Bezirke aufgeteilt. Die friedliche Revolution, die schließlich zum Ende der DDR führte, nahm 1989 in Leipzig ihren Anfang. Auf den Montagsdemonstrationen zogen immer mehr Menschen durch die Straßen. Sie forderten größere Freiheit und Demokratie.
Nach der Wiedervereinigung im Jahr 1990 wurde das heutige Bundesland Sachsen gegründet – und nannte sich wieder „Freistaat".

DIE WIRTSCHAFT

Nach der Wiedervereinigung 1990 schlossen in Sachsen viele Industriebetriebe, weil sie nicht mehr genug Geld einnahmen. Seitdem ist die Wirtschaft aber wieder gewachsen und heute ist Sachsen das wirtschaftlich stärkste der fünf „neuen Bundesländer". In Leipzig haben sich große Unternehmen angesiedelt, zum Beispiel Autohersteller. Firmen in der Landeshauptstadt Dresden zählen inzwischen zu den wichtigsten Computerchip-Herstellern der Welt.
Rund zwei Millionen Touristen kommen Jahr für Jahr, um das prächtige Dresden zu bewundern. An die Zeit des Kurfürsten August des Starken erinnert das sächsische Porzellan. Noch heute werden in Meißen wertvolles Geschirr und Figuren aus dem „Weißen Gold" gefertigt. Und auch an anderen sächsischen Orten blüht die Handwerkskunst: Das Land ist bekannt für seine Uhrmacher und seine Musikinstrumente-Bauer. Das Vogtland wird auch „Tal der Musikinstrumente" genannt.
Trotzdem gibt es in den ländlichen Gebieten des Bundeslands eher wenige Arbeitsplätze und so ziehen immer noch viele junge Menschen weg. Insgesamt verdienen die Einwohner in Sachsen weniger als der Durchschnitt in Deutschland.

DAS IST JA INTERESSANT

Rund 100 Jungen singen in Leipzig in einem weltberühmten Chor: dem Thomanerchor (gegründet 1212).

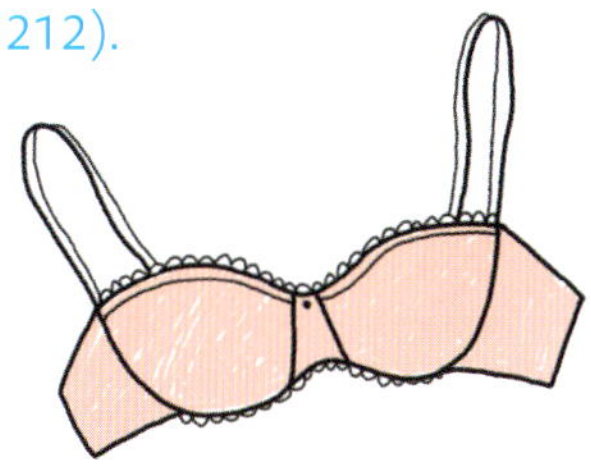

Der BH, die Zahnpasta und der Kaffeefilter sind sächsische Erfindungen.
Die sächsischen Weinanbaugebiete gehören zu den nördlichsten der Welt.
Über den kleinen Fluss Göltzsch führt die größte Ziegelsteinbrücke der Welt. Sie besteht aus mehr als 26 Millionen Ziegeln.
Der Aufbau der Frauenkirche in Dresden hat 11 Jahre gedauert. Es wurden viele alte Steine verwendet – doch vorher mussten sie nummeriert werden, damit sie richtig eingebaut werden konnten, allein das dauerte 17 Monate.

EINIGE BERÜHMTE SACHSEN

Der Fußballer Michael Ballack war zwischen 2004 und 2010 Mannschaftskapitän der deutschen Nationalelf.
Erich Kästner (1899–1974) war ein weltberühmter Kinderbuchautor. Er schrieb zum Beispiel „Das doppelte Lottchen" und „Emil und die Detektive".
Karl May war der Verfasser der berühmten Winnetou-Romane. Er wurde 1842 in Ernstthal geboren.

Walter Ulbricht war von 1950 bis 1971 Chef der DDR. In dieser Zeit ließ er auch die Mauer quer durch Berlin bauen.

1. die Altmark
2. Stendal
3. Colbitz-Letzlinger Heide
4. die Börde
5. Magdeburg
6. Elberadweg
7. Dessau-Wörlitzer Garten
8. Wittenberg
9. Halberstadt
10. Brocken
11. Schloss Wernigerode
12. Kyffhäuser
13. Quedlinburg
14. Harz
15. Eisleben
16. Halle
17. Saale
18. Merseburg
19. Naumburg
20. Elbe

Größe: 20.452 km²
Einwohner: etwa. 2,2 Mio.
Landeshauptstadt: Magdeburg, etwa 241.000 Einwohner
Besonderheiten: Die Hälfte aller Bäume in Sachsen-Anhalt sind Fichten.
Spezialitäten: Harzer Käse wird aus Sauermilch hergestellt und oft mit Essig, Öl, Zwiebeln, Pfeffer und Kümmel auf dunklem Brot gegessen. Auch der Baumkuchen stammt aus Sachsen-Anhalt.

Eine Mischung aus Natur und Kultur – davon gibt es im achtgrößten Bundesland reichlich: Mittelgebirge und Flüsse, Gartenanlagen, Kirchen, Burgen und historische Städte. Wovon es nicht so richtig viele gibt, sind Einwohner: In Sachsen-Anhalt leben pro Quadratkilometer weniger Menschen als in den meisten anderen Bundesländern.

LAND UND LEUTE

Die verschiedenen Regionen des Bundeslands waren im Laufe der Geschichte lange voneinander getrennt, sodass sich die meisten Einwohner eher als Altmärker oder als Hallenser fühlen und nicht unbedingt als Sachsen-Anhalter. Hallenser nennen sich die Einwohner von Halle, der zweitgrößten Stadt des Landes. Wer nach Halle zieht, wird von ihnen zum Spaß „Hallunke“ genannt. Halle ist 1200 Jahre alt, liegt an der Saale und im Boden der Stadt steckt ein Schatz, der den Einwohnern jahrhundertelang Wohlstand bescherte: das „weiße Gold“ – Salz.

Die Altmark ist eine Region im Norden des Bundeslands. Hier leben nur sehr wenige Menschen. Das größte unbewohnte Gebiet Deutschlands ist die Colbitz-Letzlinger Heide im Süden der Altmark.
An den Heide-Rändern wachsen Mischwälder, 600 Jahre alte Eichen zum Beispiel, und viele Fichten. Die Elbe, der längste Fluss des Bundeslands, fließt von Süden über Wittenberg, Dessau und Magdeburg durch das flache Land nach Norden. Die Wälder an seinen Ufern werden häufig überschwemmt. Störche nisten an den Ufern und Eisvögel schießen von überhängenden Ästen ins Wasser.

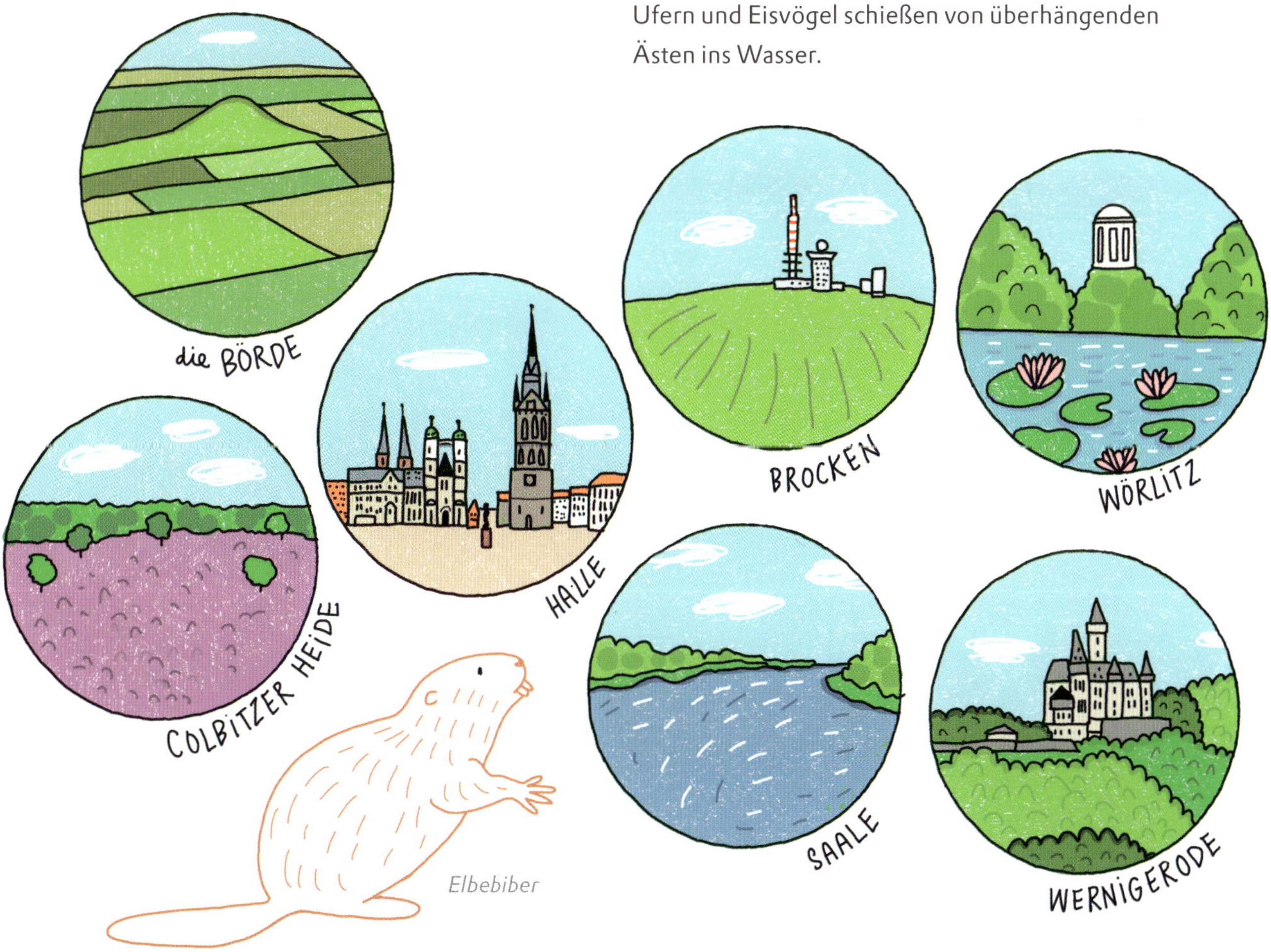

VERHEXT?

Ganz andere Wesen sollen – so sagt man – die Fichtenwälder, Schluchten und glucksenden Bergbäche im Harz bevölkern, dem Mittelgebirge im Westen des Landes. Jedes Jahr zur Walpurgisnacht am 30. April fliegen der Sage nach Hexen auf den 1141 Meter hohen Brocken, den höchsten Berg des Landes, und tanzen mit dem Teufel um ein Feuer. Heute verkleiden sich viele Menschen im Harz in der Walpurgisnacht als Hexen und feiern wilde Feste. Der Brocken wird auch Blocksberg genannt, das bedeutet Berg der Hexen. Früher führte die Grenze zwischen West- und Ostdeutschland mitten durch den Harz. Heute gehört ein Teil des Harzes zu Niedersachsen, ein Teil zu Thüringen und der Teil mit dem Brocken zu Sachsen-Anhalt.

Sonnen-observatorium Goseck

DIE GESCHICHTE

Sachsen-Anhalt war schon in der Steinzeit besiedelt. Das Sonnenobservatorium von Goseck wurde im Jahr 4800 v. Chr. gebaut, es ist älter als die ägyptischen Pyramiden. Steinzeitmenschen beobachteten hier die Sonne, wahrscheinlich um zu bestimmen, wann die beste Erntezeit ist.
Im Mittelalter bestand das heutige Bundesland aus lauter kleinen Reichen. Lieblingsstadt des ersten deutschen Königs Heinrich I. war Quedlinburg. In dem Städtchen sieht es heute noch ein bisschen so aus wie im Mittelalter.

Das älteste Fachwerkhaus ist über 600 Jahre alt.

Otto I., Heinrichs Sohn, heiratete 929, da war er erst 17 Jahre alt. Seine Frau Edgith erhielt ein besonderes Hochzeitsgeschenk: Magdeburg. Daraus wollte sie die prächtigste Stadt des Landes machen. Auch ihrem Mann Otto I. lag Magdeburg am Herzen. Er wurde im Jahr 962 Kaiser des römisch-deutschen Reichs und unter seiner Herrschaft wurde die heutige Landeshauptstadt zum Erzbistum, einem Kirchenzentrum.

Viele Orte des heutigen Bundeslands blühten in jener Zeit auf, weil sie wie Magdeburg an der Elbe oder an anderen wichtigen Handelswegen lagen. Im 14. Jahrhundert schlossen sich sieben von ihnen der Hanse an.

Martin Luther soll die 95 Thesen an das Wittenberger Kirchenportal gehämmert haben.

ABLASS

Die katholischen Kirche bot damals den Menschen einen Handel an: Sie konnten ein Schriftstück kaufen, einen Ablassbrief, und sich durch diesen Kauf von ihren Sünden befreien. Luther kritisierte in seinen Thesen diesen sogenannten Ablasshandel. Eine Vergebung der Sünden komme von Gott und habe nichts mit Geld zu tun, meinte er.

Schlosskirche Wittenberg

MARTIN LUTHER VERÄNDERT DIE KIRCHE

Neben Burgen und Schlössern wurden im Mittelalter auch viele Kirchen gebaut. Im Jahr 1517 brachte eine Bekanntmachung die damalige Welt ins Wanken. Sie stammte von dem Mönch Martin Luther.

95 Thesen, also Behauptungen, soll er an die Tür der Wittenberger Schlosskirche gehämmert haben. In ihnen richtete er sich zum Beispiel gegen die große Macht des Papstes, des Kirchenoberhaupts.

Die Thesen sprachen sich schnell herum. Einige der herrschenden Adeligen unterstützten Luther, andere waren wütend über sein Verhalten. Am Ende des Streits stand die Reformation: Die christliche Kirche spaltete sich in eine protestantische und eine katholische. Eine Zeit lang lebten die beiden christlichen Religionen halbwegs friedlich nebeneinander, doch das hatte 1618 ein Ende. Ein Krieg zwischen Protestanten und Katholiken entbrannte, der 30 Jahre lang dauern und in ganz Europa wüten sollte. Im Jahr 1631 wurde das protestantische Magdeburg von dem katholischen Feldherrn Tilly niedergebrannt und zerstört.

NOCH MEHR KRIEG

Nach dem Ende des Dreißigjährigen Krieges im Jahr 1648 erholte sich die Region nur langsam. Die nächste große Katastrophe ereignete sich über 250 Jahre später mit dem Beginn des Ersten Weltkriegs 1914. Nur 21 Jahre nach dessen Ende begann der Zweite Weltkrieg. Als er endlich vorüber war, gründete die sowjetische Besatzungsmacht 1947 zum ersten Mal ein Bundesland, das Sachsen-Anhalt hieß. Die Grenzen unterschieden sich allerdings leicht von denen des heutigen Bundeslands. 1952 löste die DDR das Land wieder auf. Nach der Wiedervereinigung im Jahr 1990 wurde dann das heutige Sachsen-Anhalt gegründet.

DIE WIRTSCHAFT

Viele Unternehmen in Sachsen-Anhalt schlossen nach der Wende. Ihre Maschinen waren zu alt. Die Menschen verloren ihre Arbeit und zogen weg. In der Gegend um Halle, Merseburg und Bitterfeld drehte sich schon seit Jahrzehnten alles um Chemie. Nach der Wende wurden einige der Fabriken abgerissen, andere wurden erneuert. Die Chemieindustrie ist heute noch ein wichtiger Arbeitgeber der Region.
Im Schnitt haben in Sachsen-Anhalt weniger Menschen Arbeit (vor allem auf dem Land) und sie verdienen weniger als in den meisten anderen Bundesländern. Für den Tourismus ist der Harz besonders wichtig, er ist das beliebteste Reiseziel in Sachsen-Anhalt.
In Magdeburg, der Landeshauptstadt, wächst die Wirtschaft. Hier werden Maschinen gebaut und zum Beispiel Computerteile produziert. Die Lage der Stadt ist günstig: Sie liegt an einer der meistbefahrenen Autobahnen Deutschlands und an der Elbe, über die Unternehmen ihre Güter in alle Welt verschiffen können. Als Universitätsstädte sind Magdeburg und Halle außerdem für Forschungsinstitute interessant. Für die Landwirtschaft ist die Magdeburger Börde westlich der Landeshauptstadt wichtig, denn hier ist der Boden besonders fruchtbar. Auf dem Ackerland bauen Landwirte vor allem Zuckerrüben und Weizen an.

Im 19. Jahrhundert war der aus Rüben gewonnene Zucker sehr begehrt. Die Bauern wurden reich durch das „süße Gold" und bauten prächtige Häuser. Die „Rübenpaläste" der Zuckerbarone stehen noch heute.

DAS IST JA INTERESSANT!

Die „Himmelsscheibe von Nebra" ist etwa 3600 Jahre alt und die weltweit älteste Darstellung des Himmels. Auf der runden Platte aus Bronze sind Sonne oder Vollmond, eine Mondsichel und Sterne zu sehen. Gefunden wurde die Bronzeplatte 1999 in dem Ort Nebra.

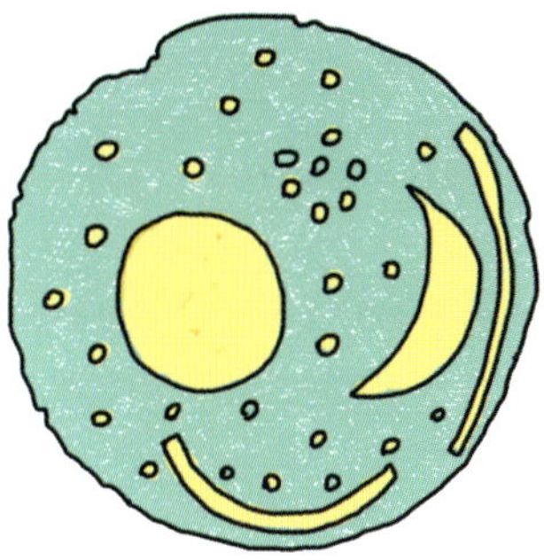

Himmelsscheibe von Nebra

In der Dombibliothek in Merseburg wurden 1841 zwei Zaubersprüche aus dem 10. Jahrhundert gefunden – der eine soll Gefangene befreien, der andere Pferde heilen.

EINIGE BERÜHMTE SACHSEN-ANHALTER

Der Politiker Otto von Bismarck (1815–1898) wurde 1871 Reichskanzler (das war der Regierungschef) des neu gegründeten deutschen Kaiserreichs.

Georg Friedrich Händel (1685–1759) gehört zu den berühmtesten deutschen Komponisten. Er schrieb zum Beispiel Kirchenmusik und Opern.

Jawed Karim ist einer der drei Mitbegründer von YouTube. Er war es auch, der am 23. April 2005 das erste YouTube-Video mit dem Titel „Me at the zoo" hochlud. Karim wurde 1979 in Merseburg geboren, inzwischen lebt er in Kalifornien.

Martin Luther (1483–1546) war ein Mönch, der die katholische Kirche verändern wollte. Sein Widerstand 1517 führte zur Spaltung der christlichen Kirche in eine evangelische und eine katholische.

Zwei Mitglieder der Band Tokio Hotel kommen aus Sachsen-Anhalt: Drummer Gustav Schäfer aus Magdeburg und Bassist Georg Listing aus Halle.

1 Wasserschloss Glücksburg
2 Flensburg
3 Schleswig
4 Haithabu
5 Arnis
6 Laboe
7 Kiel
8 Bungsberg
9 Steilküste
10 Lübeck: Holstentor
11 Elbe
12 Nord-Ostsee-Kanal
13 Helgoland: Lange Anna
14 Eder
15 Hallig

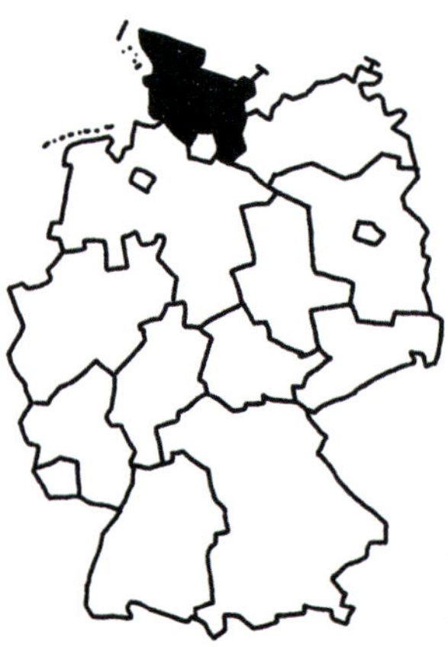

Größe: 15.802 km²

Einwohner: etwa 2,9 Mio.

Landeshauptstadt: Kiel, etwa 248.000 Einwohner

Besonderheiten: Etwa 1125 Kilometer Küstenlinie; liegt als einziges Bundesland zwischen zwei Meeren

Spezialitäten: Kieler Sprotten, Rote Grütze, Katenschinken; Birnen, Bohnen und Speck sowie viele weitere

Es ist ungefähr so flach wie ein Pfannkuchen und liegt zwischen der Nordsee und der Ostsee: Schleswig-Holstein, unser nördlichstes Bundesland.

LAND UND LEUTE

Eine steife Brise weht häufig über die Wiesen, Felder und Deiche in Schleswig-Holstein. Früher trieb der Wind an den langen Küsten die Segelschiffe und an Land die Windmühlen an. Manche von ihnen stehen noch und wer möchte, kann sich ansehen, wie früher Korn zu Mehl gemahlen wurde. Heute drehen sich an vielen Stellen im flachen Land die Flügel von Windkraftanlagen, die der Stromgewinnung dienen.

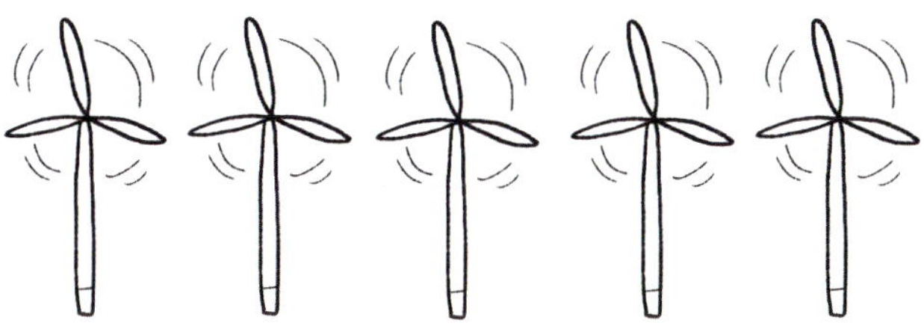

Die beiden Großstädte des Landes, Kiel und Lübeck, sind Küstenstädte und seit Jahrhunderten mit der Seefahrt verbunden. Jahr für Jahr treffen sich Segler aus allen Kontinenten bei der Kieler Woche, dem größten Segelsportfest weltweit. Einige Segler schippern auf ihrer Reise nach Kiel durch den rund 100 Kilometer langen Nord-Ostsee-Kanal, der die beiden Binnenmeere miteinander verbindet.

Die Schleswig-Holsteiner gelten als bodenständige, eher schweigsame und etwas raubeinige Typen, auf die Verlass ist und die ordentlich mit anpacken können. Die meisten von ihnen leben in kleinen Orten oder auf dem Land. Rund 300 Menschen haben sogar einen weltweit einzigartigen Wohnort: auf einer der zehn winzigen Inseln (Hallig genannt) in der Nordsee. Ihre Häuser stehen auf künstlichen Hügeln, den Warften, damit sie bei einer Sturmflut nicht vom Meer überschwemmt werden.

Droht mal wieder „Land unter" – und das passiert mehrmals im Jahr –, holen die Bewohner zur Sicherheit auch die Schafe und Rinder auf die Warft.

Weniger rau als an der Nordseeküste mit den stürmischen Stränden ist Schleswig-Holstein im Inland. Hier schlängeln sich Flüsschen durch die Wälder; sanfte Hügel und kleine und größere Seen bieten vielen Tieren einen Lebensraum.

Die höchste Erhebung des Landes ist der Bungsberg – und er ist gerade mal 167 Meter hoch. Die flache Hügellandschaft, Holsteinische Schweiz genannt, grenzt an die Ostsee.

Ebbe und Flut gibt es dort kaum und meist schwappen nur kleine Wellen ans Ufer.

Der Wind weht aber auch hier, zerzaust Möwen das Gefieder und dreht die Windräder.

DIE GESCHICHTE

Ab dem 8. Jahrhundert fuhren tapfere Seeleute aus aller Welt in die Schlei hinein, einen Meeresarm der Ostsee. Ihr Ziel war Haithabu. Die Wikingerstadt zählte zu den bedeutendsten Handelszentren der damaligen Zeit. Wikinger handelten hier fast 300 Jahre lang mit Waren aus weit entfernten Ländern. Die Überreste dieser Zeit werden heute im Freilichtmuseum ausgestellt.

Holstentor in Lübeck

Im 13. Jahrhundert entwickelte sich Lübeck zur „Königin der Hanse". Die Hanse war in jener Zeit ein Zusammenschluss von Städten (den Hansestädten) und Kaufleuten. Von der Hansestadt Lübeck aus trugen bauchige Koggen Salz und Heringe über das Meer bis zu den Hafenstädten in ganz Europa.

Jahrhundertelang bildete die Eider, der längste Fluss des Bundeslands, die Grenze zwischen Holstein und Schleswig. Holstein gehörte im Mittelalter zum Heiligen Römischen Reich, über das ein Kaiser herrschte, Schleswig zum dänischen Königreich. Da aber sowohl König wie Kaiser zu weit weg waren, um das Gebiet zu regieren, übertrugen sie einen Teil ihrer Macht den Grafen und Herzögen der Region. 1460 wählten die Adeligen den dänischen Christian I. als Herzog von Schleswig und Grafen von Holstein. Von jetzt an sollten Schleswig und Holstein zusammengehören. Das klappte allerdings nicht. Im Laufe der Jahrhunderte zersplitterte das Land in viele Teile, da die Adeligen sich nicht einigen konnten, wer das Sagen haben sollte. Um allen anderen ihre Macht zu zeigen, ließen sie Schlösser, Gutshöfe und andere prächtige Bauwerke errichten, von denen einige noch heute erhalten sind.

Nach dem Ersten Weltkrieg sollten die Bewohner im Jahr 1920 mitbestimmen, ob sie lieber zu Dänemark oder zu Deutschland gehören wollten. In den Städten überwogen die Stimmen für Deutschland, auf dem Land die für Dänemark. Was tun? Schließlich wurde Nordschleswig Dänemark zugesprochen und der andere Teil Deutschland. Noch heute leben in Schleswig-Holstein viele Dänen und in Süd-Dänemark viele Deutsche.

Das Wasserschloss Glücksburg wurde im 16. Jahrhundert erbaut.

In den mit Reet gedeckten Bauernhäusern wohnten früher Familien zusammen mit ihrem Vieh und auch die Ernte wurde hier gelagert.

DIE WIRTSCHAFT

Die Landeshauptstadt Kiel wuchs durch den Schiffbau. Heute steht hier die größte deutsche Werft.
Die meisten Waren in Schleswig-Holstein werden im Lübecker Hafen verladen – rund 22 Millionen Tonnen jedes Jahr. Mit dem Fischfang verdienen zwar heute nur noch wenige Menschen ihr Geld, aber hier sind es mehr als in jedem anderen Bundesland.
Sieben Inseln (die zehn kleinen Halligen nicht mitgezählt) gehören zu Schleswig-Holstein: eine in der Ostsee und sechs in der Nordsee. Da besonders auf Sylt, Amrum, Föhr und Fehmarn Jahr für Jahr Hunderttausende Touristen ihre Ferien verbringen, vermieten viele Schleswig-Holsteiner Ferienwohnungen, leiten Hotels oder arbeiten in anderen Bereichen des Tourismus.
Und auch die Energieindustrie mit ihren Windrädern und Windparks hat sich zu einem wichtigen Teil der Wirtschaft entwickelt.
Die meisten großen Unternehmen des Landes sind in Kiel, Lübeck und rund um Hamburg. Hier arbeiten viele Menschen im Gesundheitswesen, im Schiffbau oder im Handel.

DAS IST JA INTERESSANT

In Schleswig-Holstein leben zwei nationale Minderheiten: die dänische Minderheit und die friesische Volksgruppe. Sie sind Deutsche, haben aber eine zusätzliche Sprache und Kultur, die geschützt wird.

Die Stadt Arnis an der Schlei ganz im Norden des Bundeslands ist die kleinste Stadt Deutschlands. Hier wohnen nur 275 Menschen.

EINIGE BERÜHMTE SCHLESWIG-HOLSTEINER

Der Regisseur und Schauspieler Detlev Buck, der bei den Filmen „Hände weg von Mississippi" und „Bibi und Tina" Regie führte, wurde in Bad Segeberg geboren und wuchs auf einem Bauernhof in Nienwohld auf.

Klaus Groth war ein Dichter und Schriftsteller. Er schrieb in Plattdeutsch. Heute sprechen nicht mehr so viele Menschen in Schleswig-Holstein Platt, aber zum Glück wird die Sprache nicht „vergeten" (das heißt: „vergessen").

Der weltberühmte Schriftsteller Thomas Mann wurde in Lübeck geboren.

Das Marzipanschwein ist noch heute in Lübeck zu Hause – und wird von hier in die ganze Welt verkauft.

Helgoland ist 50 Kilometer von der Nordseeküste entfernt – so weit wie keine andere deutsche Insel.

Der Nord-Ostsee-Kanal ist die am meiste befahrene künstliche Wasserstraße der Welt.

Größe: 16.202 km²

Einwohner: etwa 2,2 Mio.

Landeshauptstadt: Erfurt; etwa 211.000 Einwohner

Besonderheiten: Thüringen ist geprägt von den weltberühmten Künstlern, die hier lebten. Sehr international ist es zurzeit aber nicht: Es ist das Land mit dem geringsten Anteil an ausländischen Bewohnern.

Spezialitäten: Die Thüringer Klöße sind so beliebt, dass es sogar ein Kloßmuseum gibt mit einem begehbaren Kloß (er ist nicht echt, aber wohl der größte Kloß der Welt).

1 Harz
2 Kyffhäuser
3 Hainich
4 Rennsteig
5 Eisenach
6 Wartburg
7 Rhön
8 Thüringer Wald
9 Erfurt
10 Krämerbrücke
11 Weimar
12 Jena
13 Bleilochtalsperre
14 Gera

Luther, Bach, Schiller, Goethe – einige der berühmtesten Deutschen lebten einst in Thüringen. Das Bundesland liegt etwa in der Mitte Deutschlands und in den Mittelgebirgen kannst du auf mittelhohe Berge klettern.

LAND UND LEUTE

Ungefähr in der Mitte Thüringens ist die Landeshauptstadt Erfurt. Ihr Wahrzeichen ist die 120 Meter lange Krämerbrücke – die einzige Brücke in Deutschland, auf der beidseitig Häuser stehen. Im Mittelalter wohnten darin Händler, die Stoffe, Gewürze, Schmuck und allerlei andere Waren verkauften.

Im Norden liegen das kleinste Mittelgebirge, der Kyffhäuser, und der größte Laubwald Deutschlands, der Hainich. Der ist ein Urwald, der Mensch greift nicht ein, alles wächst und verfällt, wie es will. Wildkatzen, Fledermäuse und viele andere Tiere sind in diesem Buchenwald zu Hause.

Wer die weite Ebene, das Thüringer Becken, nach Süden hin durchquert, vorbei an Erfurt, der gelangt zum Mittelgebirge Thüringer Wald mit den knapp 1000 Meter hohen Gipfeln und dichten Wäldern.

Vor über 100 Jahren machte ein Schriftsteller den Thüringer Wald berühmt. August Trinius wanderte damals den knapp 170 Kilometer langen Rennsteig entlang, der über den Kamm des Mittelgebirges führt, und nannte Thüringen das „Grüne Herz" Deutschlands. Heute ist der Rennsteig ein bekannter Fernwanderweg.

Mit anderen Bundesländern teilt sich Thüringen das Mittelgebirge Harz im Norden und die Rhön im Südwesten.

Die Bleilochtalsperre im Süden ist der größte Stausee Deutschlands. Würde man die über 200 Milliarden Liter Wasser des Stausees in Wannen füllen und diese aneinanderstellen, würde das 50 Wasserwannen-Schlangen um die Erde ergeben.

DIE GESCHICHTE

Was hier alles los war: Vor fast 400.000 Jahren war Thüringen bereits bewohnt – von Steinzeitmenschen. So manches Fundstück aus jener Zeit liegt in den thüringischen Museen zum Betrachten und Staunen bereit.
Viel, viel später, um das Jahr 450, etwa zu Beginn des Mittelalters, herrschte der Stamm der Thüringer über ein großes Gebiet, das weit nach Süden über den Main hinausreichte. Im Jahr 531 wurden sie von den Franken und den Sachsen besiegt, fortan bestand das heutige Thüringen bis ins 19. Jahrhundert aus lauter kleinen Reichen.

Die Alte Synagoge in Erfurt ist das älteste vollständig erhaltene jüdische Gotteshaus in Europa.

Durch Erfurt führte im Mittelalter eine wichtige Handelsroute. Viele Reisende kamen in die Stadt. Im 14. Jahrhundert erzählten sie von einer furchtbaren Krankheit, an der die Menschen in anderen Städten starben wie die Fliegen: die Pest! Unter den Einwohnern Erfurts verbreitete sich das Gerücht, die Juden würden die Brunnen der Stadt vergiften und dadurch die Pest verursachen. Obwohl das völliger Quatsch war, zogen schließlich Bewaffnete vor die Synagoge, in der sich viele jüdische Einwohner verschanzt hatten, und griffen an. In einem Blutbad wurden die meisten Juden Erfurts ermordet. Die prächtige Synagoge riss sich ein Kaufmann unter den Nagel und nutzte sie als Lagerhaus.

Die Christen glaubten damals, für ihre Sünden in der Hölle schmoren zu müssen. Gegen Ende des Mittelalters bot die christliche Kirche den Menschen sogenannte Ablassbriefe an: Wer zahlte, könne sich von seinen Sünden befreien, hieß es. Der Mönch Martin Luther fand es nicht sehr christlich, dass die Kirche armen Menschen so das Geld aus der Tasche zog. Das tat er 1517 auch kund: Er schrieb seine Gedanken in 95 Thesen auf und diese Thesen verbreiteten sich schnell. So eine Kritik hatte es noch nie gegeben! Der Papst verstieß Luther aus der Kirche und der römisch-deutsche Kaiser erklärte ihn zum Feind des Reichs. Martin Luther war in Lebensgefahr. Um den mutigen Mönch zu retten, ließ der sächsische Kurfürst Friedrich der Weise ihn 1521 auf seine Burg bringen, die Wartburg am Rand des Thüringer Walds. Luther nutzte die Zeit in dem Versteck.

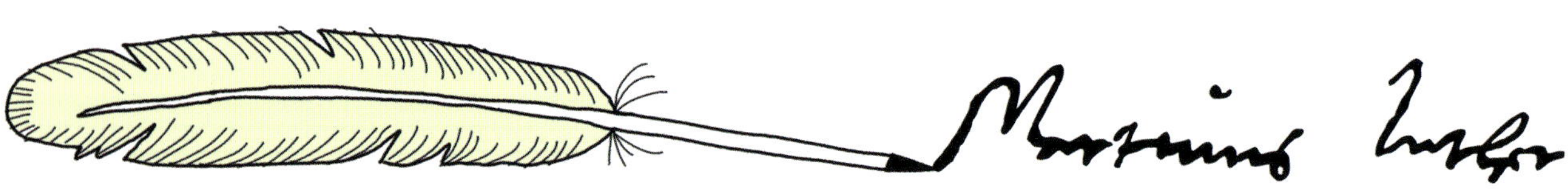

In seinem kleinen Burgzimmer übersetzte er das Neue Testament aus dem Griechischen ins Deutsche, denn bislang konnten die wenigsten die Bibel verstehen. Genau das wollte Luther mit der Übersetzung ändern.

Ein paar Jahre nach diesen Ereignissen forderten die unterdrückten Bauern mehr Rechte, doch Kirche und Adel dachten nicht daran, diese Wünsche zu erfüllen. Da zogen die Bauern gegen die Herrscher in den Krieg. An ihrer Spitze kämpfte der Pfarrer Thomas Müntzer. Doch im Jahr 1525 besiegte das Fürstenheer die Aufständischen. Müntzer wurde gefangen genommen und hingerichtet.

Thomas Müntzer
um 1489–1525

Anna Amalia
1739–1817

Danach verlor die Region an Bedeutung – bis zur Regierungszeit von Anna Amalia. Die leidenschaftliche Büchersammlerin regierte das Herzogtum nach dem Tod ihres Mannes 1759 von Weimar aus. Sie förderte Künstler und so waren bald viele in der Stadt. Ihr Sohn Karl August, der mit seiner Volljährigkeit das Herzogtum übernahm, lud 1775 einen berühmten Schriftsteller nach Weimar ein, und weil es diesem so gut gefiel, blieb er gleich die nächsten 50 Jahre: Johann Wolfgang von Goethe.

Haus am Horn. Schlicht und ohne Schnörkel – so sieht ein typisches Haus im Bauhaus-Stil aus.

Walter Gropius
1883–1969

Um 1850 wohnten auch die Komponisten Franz Liszt und Richard Wagner in der kleinen Stadt. Und um 1920 entwickelte der Architekt Walter Gropius in Weimar eine ganze neue Art, zu bauen: Der Bauhaus-Stil gilt als Beginn der modernen Architektur.

Im Jahr 1920 – die Region gehörte inzwischen zum Deutschen Reich – wurde das Land Thüringen gegründet.

DAS IST JA INTERESSANT

Ein armer Glasbläser aus dem Ort Lauscha soll die Christbaumkugel erfunden haben. Er hatte nicht genug Geld, um Äpfel und Nüsse an den Weihnachtsbaum zu hängen, deshalb blies er eine Kugel aus Glas und hängte sie an den Baum. Heute werden in Lauscha jedes Jahr Millionen von Christbaumkugeln gefertigt.

Der längste Straßentunnel Deutschlands, der Tunnel Rennsteig, hat eine Länge von fast acht Kilometern und führt durch den Thüringer Wald.

Die Orte mit der höchsten Postleitzahl Deutschlands liegen in Thüringen. Es sind die Gemeinden Körner und Weinbergen mit der Postleitzahl 99998.

DIE WIRTSCHAFT

Thüringen gehörte zur DDR und nach der Wende mussten wie überall in den neuen Bundesländern eine Menge Firmen schließen und viele Thüringer verloren ihre Arbeit. Die Zahl der Arbeitslosen liegt inzwischen im Vergleich mit den anderen Bundesländern im Durchschnitt.
Am meisten Arbeit gibt es in den Städten und hierher zieht es auch die meisten Touristen. Insgesamt besuchen rund vier Millionen Menschen Jahr für Jahr das Bundesland. In Jena und Erfurt haben sich besonders viele Unternehmen niedergelassen. In Jena entwickeln einige Firmen neue Technologien und überhaupt wird hier viel geforscht – in Jena werden etwa viermal so viele neue Erfindungen angemeldet wie im deutschen Durchschnitt. Und das Erfinden hat Tradition: der Gartenzwerg, die Tütensuppe und die Zahnbürste – das sind alles „dieringische" Ideen!

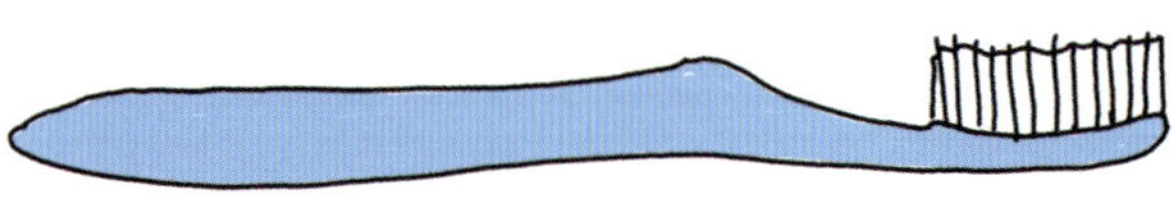

EINIGE BERÜHMTE THÜRINGER

Johann Sebastian Bach (1685–1750) war ein weltberühmter Komponist.
Auch die Sängerin und Schauspielerin Yvonne Catterfeld wurde in Thüringen geboren.
Der deutsche Rapper und Songwriter Clueso heißt eigentlich Thomas Hübner und kommt aus Erfurt.

Otto Dix (1891–1969) war ein berühmter Maler. „Entweder ich werde berüchtigt oder berühmt", soll er mal gesagt haben. Er wurde beides: berühmt als Maler und berüchtigt für seine Bilder, da er zum Beispiel schreckliche Kriegsszenen malte.

Wann die Thüringer Rostbratwurst geboren wurde, ist nicht bekannt. Kein Wunder, denn die Thüringer Spezialität hat schon ein paar Jahrhunderte auf der Pelle: Das älteste bekannte Rezept ist von 1613 und wird heute im Staatsarchiv Weimar aufbewahrt.

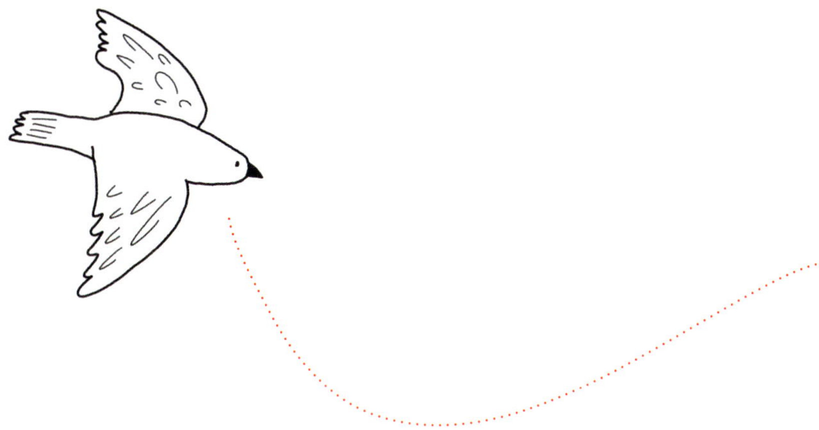

5

KUNST & KULTUR

HiP HOP
WAOEOE
wunderschön

SPRACHE SPRECHEN

Mit Sprache kann man sehr viel anstellen. Zum Beispiel lustige Zungenbrecher bilden: „Auf den sieben Robbenklippen sitzen sieben Robbensippen, die sich in die Rippen stippen, bis sie von den Klippen kippen."

Oder wie wäre es mit diesem Satz? Er enthält alle Buchstaben des Alphabets mindestens ein Mal: „Zwölf Boxkämpfer jagen Viktor quer über den großen Deich auf Sylt."

Doch Deutsch kann auch wahnsinnig anstrengend sein. Wieso, weshalb, warum … gibt es drei unterschiedliche Fragewörter mit der gleichen Bedeutung? Wieso heißen die Steigerungen von „schön" „schöner" und „am schönsten", die von „viel" aber nicht „vieler" und „am vielsten"?
Menschen mit einer anderen Muttersprache kann das verwirren. Ist unsere Sprache also eine schwere Sprache? Ja, aber eben auch eine sehr schöne – das finden jedenfalls viele Leute, wie wir durch Umfragen wissen.

WO WIRD DEUTSCH GESPROCHEN?

Neben den über 82 Millionen Bundesbürgern innerhalb Deutschlands sprechen außerdem unsere Nachbarn in Österreich und teilweise in der Schweiz Deutsch. Auch im französischen Elsass, im norditalienischen Südtirol, in Luxemburg und Belgien verstehen viele Menschen Deutsch. Damit ist unsere Sprache die am weitesten verbreitete in Mitteleuropa. Weltweit sprechen etwa 120 Millionen Menschen Deutsch als Muttersprache.

Typisch fiese

VON SCHRIPPEN, WECKLE UND SEMMELN

„Wir können alles. Außer Hochdeutsch", heißt es in Baden-Württemberg. Reines Deutsch klingt im Südwesten irgendwie trotzdem schwäbisch. Richtige Schwaben sprechen statt „st" nämlich fast immer „sch". So wird aus der Frage „Bist du müde?" dann „Bisch du müd'?".

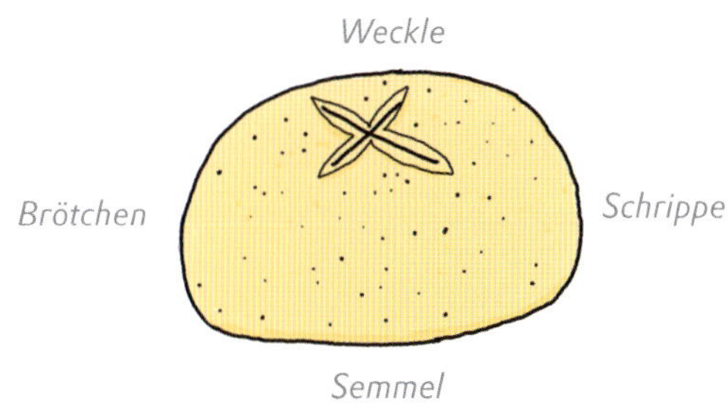

35 deutsche Dialekte, auch Mundarten genannt, existieren – offiziell. Natürlich nicht nur im Schwabenland, sondern auch in anderen Regionen werden manche Wörter eigenartig ausgesprochen. Fränkisch, Plattdeutsch, Sächsisch – das alles ist Deutsch, klingt nur sehr verschieden. Nicht selten hat jeder Dialekt sogar eigene Begriffe zu bieten. Aus „Brötchen" machen Stuttgarter „Weckle", Berliner kaufen beim Bäcker „Schrippen" und in München kommen „Semmeln" in die Tüte. Was sagst du?

DIE VIELFALT DER SPRACHE

Generell gilt Deutsch als wortreiche Sprache, weil uns viele Synonyme zur Verfügung stehen. Darunter versteht man verschiedene Wörter, die dieselbe Bedeutung haben, wie „müde" und „schläfrig" zum Beispiel. Die Vielfalt beschränkt sich aber nicht nur auf die Wortwahl, auch unser Satzbau lässt verschiedene Möglichkeiten zu. Das kann zu langen Sätzen führen, bei denen man erst am Ende weiß, worum es eigentlich geht. So wie hier: „Die kleine Sandra holt ihren Geldbeutel, um die Münzen herauszunehmen, die ihr die Oma in die Hand gedrückt hat, bevor sie aus dem Haus gegangen ist, damit sie beim Bäcker Kuchen kaufen kann." Dass das für Deutschlernende schwer zu verstehen ist, kann man sich vorstellen.

Kater würden

AUSSPRECHEN, WAS DA STEHT

Man spricht ein Wort so aus, wie es geschrieben wird – so ist es in der Regel im Deutschen. Anders als etwa im Französischen weicht unsere Aussprache kaum vom Sprachbild ab. Was heißt das? (Fast) jeder Buchstabe – egal ob Konsonant oder Vokal –, wird gesprochen und nicht stumm „verschluckt" oder in andere Laute verwandelt. Liest man etwa das Wort „Brot", weiß man, wie es ausgesprochen wird. Aber natürlich gibt es Ausnahmen von dieser Regel. So ist es schwer zu erklären, warum „der Wal" ohne „h" geschrieben wird, aber genauso klingt wie „die Wahl", die ein stummes „h" in sich trägt. Und warum wird „weg" geschrieben wie „der Weg", aber anders ausgesprochen? Auch die Bedeutung eines Wortes ergibt sich nicht unbedingt von selbst. Was ist mit „Eis" gemeint? Gefrorenes Wasser im Gletscher oder Speiseeis? Hier braucht es den Zusammenhang, um zu verstehen, worum es geht.

HINAUS IN DIE WELT, IHR WÖRTER!

Einige deutsche Wörter werden auch in anderen Sprachen verwendet. „Autobahn" zählt dazu, „Schnitzel" und „Kindergarten". Umgekehrt sind etliche Fremdwörter längst eingedeutscht. Darunter französische Vokabeln wie „Bonbon", „Cousin" oder „Mayonnaise". Interessant ist: Obwohl zum Beispiel „Handy", „Oldtimer" oder „Public Viewing" aus dem Englischen kommen, meinen Amerikaner und Engländer oft etwas anderes damit. Unter Oldtimer verstehen sie einen alten Mann, kein altes Auto. Handy bedeutet, dass etwas besonders handlich oder praktisch daherkommt. Wenn wir Deutschen uns zum Public Viewing verabreden, wollen wir gemeinsam an einem Großereignis teilhaben, das an öffentlichen Orten live auf einer Leinwand gezeigt wird. Im Englischen ist damit hauptsächlich eine Leichenschau gemeint.

Oldtimer

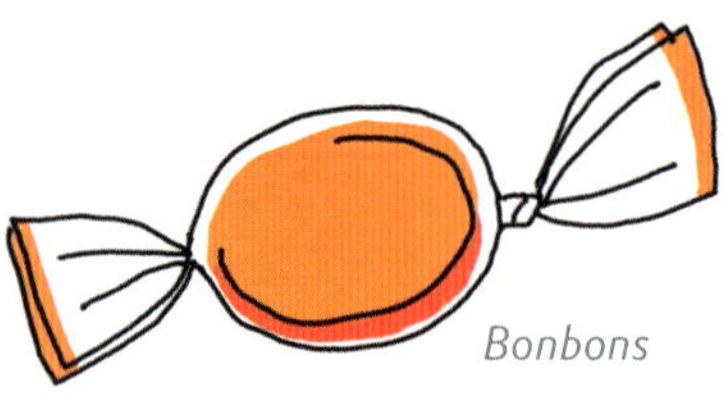
Bonbons

Schnitzel

Vögel

bloß zu

IMMER IN BEWEGUNG

Sprache ist lebendig und verändert sich andauernd – genau wie die Menschen, die sie benutzen. Es kommen neue Wörter hinzu, um neue Entwicklungen zu beschreiben. Zu den bekanntesten Wortneuschöpfungen durch Jugendliche zählt „hartzen“. Das an das Arbeitslosenhilfe „Hartz IV“ angelehnte Wort kann so etwas wie „rumhängen“ oder eben „arbeitslos sein“ heißen.
Andere Wörter geraten in Vergessenheit. Da es kaum noch Telefone gibt, bei denen man die Zahlen durch Drehen eingibt, wird das Wort „Wählscheibe“ nicht mehr oft benutzt. So wie die Dinge selbst kommen auch ihre Bezeichnungen aus der Mode.

Neues Wort: Smombie

Altes Wort: Wählscheibe

Die letzte große Reform, also Erneuerung, der Rechtschreibregeln wurde 2006 abgeschlossen. Die Rechtschreibung sollte einfacher und verständlicher werden. Richtig einfach ist sie aber immer noch nicht …

Und auch wenn sich die Gesellschaft, also das Zusammenleben von Menschen, verändert, wirkt sich das auf die Sprache aus. Immer häufiger sieht man Schreibweisen mit einem großen „I“ im Wort: KundInnen oder LeserInnen. So soll deutlich gemacht werden, dass nicht nur Männer – also in diesen Fällen Kunden oder Leser – gemeint sind, sondern natürlich auch Frauen.

DER DUDEN

Sich miteinander zu verständigen, ist gar nicht so einfach. Regeln für die deutsche Sprache hat der Gymnasiallehrer Konrad Duden 1880 aufgeschrieben. Seitdem steht im „Duden“ alles Wichtige über die deutsche Sprache: etwa 145.000 Stichwörter, Rechtschreibung, Grammatik, Zeichensetzung. Aber wie gesagt, Sprache verändert sich. Deshalb wird der Duden alle paar Jahre aktualisiert.

n Jux quälen.

MUSIK LIEGT IN DER LUFT

Musik berührt uns. Singen, musizieren und Musik hören machen Laune. In uns werden Gefühle wach, sobald wir traurig-schöne oder fröhliche Melodien hören.

MUSIK – HÖRT EUCH DAS AN!

Im weltweiten Vergleich kaufen wir Deutschen ziemlich viele CDs und auch Schallplatten aus Vinyl. Downloaden und Streamen sind natürlich auch bei uns sehr verbreitet. Viele Menschen besuchen gern Konzerte und Musikfestivals – dann kommen zum Teil Tausende von Menschen zusammen, hören Musik, feiern und tanzen – manchmal tagelang.

Wissenschaftler haben herausgefunden, dass Singen, Tanzen, zusammen Musizieren oder Musikhören die Menschen in jedem Kulturkreis zusammenschweißt. Musik ist wie eine Sprache, die überall verstanden wird. Sich rhythmisch zu Melodien zu wiegen, ist beruhigend, Tanzen oder wildes Herumhüpfen machen Spaß.

Doch wie wichtig Musik auch sein mag – als Schulfach fällt es häufig aus, weil es zu wenige Musiklehrer gibt. Zum Glück gibt es Musikschulen, insgesamt sind es bei uns rund 950 Stück. Dort lernt über die Hälfte der Musikschul-Kinder ein Tasteninstrument. Danach kommen Gitarre/Bass, an dritter Stelle Blas-, schließlich Schlaginstrumente.

KLEINE DEUTSCHE MUSIKGESCHICHTE

In der Zeit von etwa 600 bis 1400 n. Chr. (Gregorianik) zogen Minnesänger mit ihren Liebesliedern von Ort zu Ort. Meistersinger erzählten gesungene Geschichten und in den Kirchen sangen die Menschen Choräle, also die religiöse Chormusik jener Zeit. Walther von der Vogelweide und Hildegard von Bingen sind die bekanntesten Komponisten des Mittelalters.

Kantaten – kirchliche Werke mit Solisten, Chor und Orchester – und ihr weltliches Gegenstück, die Oper, sind Merkmale des Barock (etwa 1600–1720). Berühmte Komponisten sind Georg Friedrich Händel und Johann Sebastian Bach.

Besonders berühmt für die Epoche der Wiener Klassik (1720–1800) ist der Österreicher Wolfgang Amadeus Mozart. In Deutschland ist vor allem Ludwig van Beethoven als Komponist von Orchesterwerken (Sinfonien) und Instrumentenstücken (Sonaten) bekannt.

Traditionelle Lieder, die mündlich weitergegeben wurden, gab es schon lange, aber erst 1771 bekamen sie von Johann Gottfried Herder die Bezeichnung Volkslieder. Herder wollte damit das Bewusstsein für traditionelle volkstümliche Musik stärken. „Das Wandern ist des Müllers Lust" ist ein deutsches Volkslied, ein typisches Begleitinstrument ist das Akkordeon.

Richard Wagner hat der Romantik (1800–1900) in Deutschland den Weg geebnet. Später entwickelte Johannes Brahms diese Musikrichtung weiter.

Seit 1900 befinden wir uns im Zeitalter der Moderne. Darin werden verschiedene Stile und Techniken zusammengebracht. Einer der ersten, bedeutendsten Komponisten dieser Zeit war Karlheinz Stockhausen. Mit „Licht"– einer 29 Stunden langen Oper – hat er eines der längsten Werke verfasst, die es gibt.

Filmmusik ist kein fester Genrebegriff, obwohl sie meistens für sich allein steht. Hans Zimmer ist einer der einflussreichsten Filmmusikkomponisten der Welt. Er schrieb die Musik für „König der Löwen", „Fluch der Karibik", „Ich – einfach unverbesserlich" und zahlreiche andere Filme.

EIN PAAR BEISPIELE FÜR MUSIKSTILE AUS DEM VORIGEN JAHRHUNDERT:

Die Zeit der Schlager, also der Unterhaltungsmusik mit einfachen und leicht zu merkenden Melodien, begann um 1900 und hatte in den „Goldenen Zwanzigern" ihren ersten Höhepunkt. In den 50er- und 60er-Jahren hörten die Leute neben Liebesliedern auch gern Seemannslieder. Später kam dann neue, internationale Musik dazu. In den 1970ern lebte die Schlagerszene noch einmal mit Sängern wie Roy Black auf. Seit etwa 2006 ist Helene Fischer der Star der Szene.

Ab den 70ern landeten alle rockigen deutschsprachigen Musikbands wie die Gruppe Ton Steine Scherben in der Kategorie Krautrock – eine Anspielung auf das Sauerkraut, das man in Deutschland angeblich so gern isst. Aus Krautrock hat die Düsseldorfer Band Kraftwerk in dieser Zeit den Musikstil Elektro-Pop gemacht. Und wurde damit international bekannt.

In den 1980ern fand die deutsche Sprache mit der Neuen Deutschen Welle eine weitere Heimat in der punkigen, raueren Ecke der Rockmusik. Die Bands waren meist mit Gitarre, Bass und Schlagzeug ausgestattet. Statt zu singen, wurde auch manchmal geschrien oder nur gesprochen. Es ging darum, wild und rebellisch aufzutreten. Weltberühmt aus dieser Zeit sind Nena mit „99 Luftballons", Trio mit „Da da da" und Peter Schilling mit „Major Tom".

In Anlehnung daran setzte sich der Begriff Neue Deutsche Härte für den lauten, elektronischen Musikstil von Bands wie Rammstein Mitte der 1990er durch. Auch ihr Markenzeichen: Alle Liedtexte waren deutsch.

In der deutschen Rock- und Popmusik finden sich Bands wie die Die Toten Hosen, Die Ärzte und Tokio Hotel. Sie alle haben auch im Ausland Millionen von CDs verkauft. Doch die erste berühmte deutsche „Pop-Band" gab es bereits 1928: die Comedian Harmonists mit Liedern wie „Mein kleiner grüner Kaktus".

UNNÜTZES (MUSIK-)WISSEN

Nicht nur deutsche Musiker, sondern auch deutsche Erfindungen haben die Musikbranche verändert. Manche davon sind revolutionär: Die erste Schallplatte aus wachsbeschichtetem Zink entwickelte Emil Berliner 1887. 41 Jahre später stellt Fritz Pfleumer das erste Tonband her. Und 1987 erfinden Wissenschaftler vom Fraunhofer-Institut das MP3-Format – ursprünglich gedacht zur Verbesserung von Telefongesprächen.

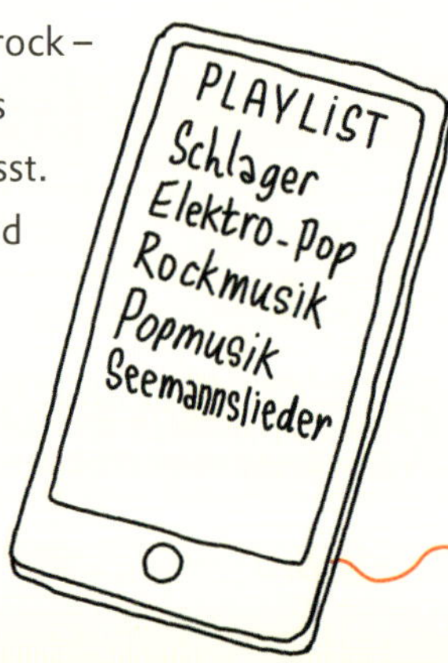

VON REIMEN UND ROMANEN

Liest du gern? Wie viele Bücher stehen in deinem Regal? Und wer hat sich die ganzen Geschichten nur ausgedacht? Der amerikanische Schriftsteller Mark Twain, der die Abenteuer von Huckleberry Finn und Tom Sawyer geschrieben hat, sagte einst im Spaß: „Schreiben ist leicht. Man muss nur die falschen Wörter weglassen."

Literatur beinhaltet nicht nur schriftlich Festgehaltenes, sondern auch erzählte Legenden und Märchen, die nie aufgeschrieben wurden.

BUCHSTABEN „BACKEN" MIT GUTENBERG

Am Anfang des 15. Jahrhunderts konnten sich in Europa nur reiche Leute Bücher leisten. Die Seiten – Pergament aus getrockneter Tierhaut – waren teuer, ein Buch daraus zu fertigen, sehr aufwendig: Jeder Text musste spiegelverkehrt in einen Holzblock geschnitzt und bemalt werden, bevor er als Druckvorlage dienen konnte. Erst als der Mainzer Goldschmied Johannes Gutenberg um 1450 eine Druckerpresse erfand, änderte sich das. Seine Idee: eine „Backform" für Buchstaben und Satzzeichen, in die er heißes, flüssiges Metall goss. Beim Abkühlen erstarrten die Lettern, die man anschließend immer wieder neu anordnen und viele Male benutzen konnte. Diese Technik breitete sich bald auf der ganzen Welt aus und blieb bis zum Ende des 19. Jahrhunderts für den Buchdruck vorherrschend.

HER MIT DEN BÜCHERN

Lesen ist gut – darin sind sich wohl alle einig. Jedes Jahr kommen fast 90.000 neue Bücher in die Läden, etwa 9000 davon sind Kinder- und Jugendbücher. Und damit Bücher nicht so teuer werden, nimmt der Staat weniger Steuern darauf, nämlich nur 7 Prozent statt 19 Prozent wie auf viele andere Waren. Und auch wer Bücher ausleihen will, kann eine der etwa 12.000 öffentliche Bibliotheken nutzen – so wie die fast zwei Millionen Kinder im Jahre 2016.

ALS LESEN NUR ETWAS FÜR SPEZIALISTEN WAR

Lesen und schreiben konnten vor vielen Hunderten von Jahren nur sehr wenige Menschen. Diejenigen, die unterrichtet wurden, sprachen untereinander nur Latein. Für das ungebildete Volk verfassten Dichter im Mittelalter Liebeslieder, sogenannte Minnen, die man sich dank der Reime am Satzende leicht merken konnte. Mitte des 15. Jahrhunderts entstanden wieder neue Formen der Literatur. Statt lieblicher Verse wurden nun volkstümliche, lustige Geschichten erdacht und teilweise als Theaterstück aufgeführt.

EINE TOUR DURCH DIE LITERATUR

Die Zeitabschnitte, in denen bestimmte literarische Werke verfasst wurden, nennen sich *Epochen*. Texte lassen sich jedoch nicht nur in Epochen, sondern auch verschiedene Textarten unterteilen. Zum *Drama* gehören Theaterstücke: traurige (Tragödien) und lustige (Komödien) Die *Epik* sind Erzählungen: von kurzen Aufsätzen und Fabeln bis hin zu langen Romanen. Die *Lyrik* besteht vor allem aus Gedichten.

Die frühe Neuzeit (1450–1600) ist stark geprägt worden von dem Mönch Martin Luther. Er hat die Bibel vom Lateinischen ins Deutsche übersetzt und so der deutschen Sprache zu viel Aufmerksamkeit verholfen.

Im Barock (1600–1720) schreiben Autoren wie Martin Opitz und Andreas Gryphius Gedichte über die eigene Vergänglichkeit.

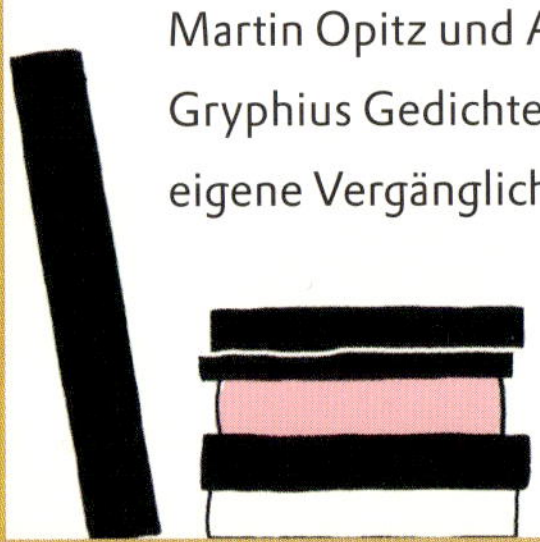

Während der Aufklärung (1720–1800) verliert die Kirche an Einfluss auf das alltägliche Leben. Der Philosoph Immanuel Kant ruft die Menschen auf, für sich selbst Verantwortung zu tragen.

Die Zeit des Sturm und Drang (1770–1785) beeinflusst vor allem Johann Wolfgang von Goethe („Die Leiden des jungen Werther") und Friedrich Schiller („Die Räuber"). Es geht in ihren Büchern vor allem um die Ablehnung von Traditionen und Regeln.

Auch in der Weimarer Klassik (1786–1805) lesen die Menschen Bücher von Goethe und Schiller, aber auch von Heinrich von Kleist („Michael Kohlhaas"). Sie fordern ihre Leser auf, nach Harmonie und Vollkommenheit zu streben.

Die Gegenbewegung der Romantiker (1795–1840), darunter die Brüder Grimm und E.T.A. Hoffmann („Der Sandmann") beschäftigt sich überwiegend mit den eigenen Gefühlen und der Schönheit der Natur.

Heimat, Idylle und Familie beherrschen die Zeit des Biedermeier (1815–1848). Neben dem Dichter Eduard Mörike wird mit Annette von Droste-Hülshoff („Der Knabe im Moor") zum ersten Mal eine Frau durch Erzählungen bekannt.

Zeitgleich kommt die politische Gruppe des Vormärz (1830–1848) auf, denen Heinrich Heine und Georg Büchner angehören. Sie verlangen in ihren Werken eine demokratische Gesellschaft und allgemeine Menschenrechte für alle.

Im Expressionismus (1910–1925) wird vor allem die Industrialisierung der Arbeitswelt kritisiert (z. B. Alfred Döblin: „Berlin Alexanderplatz").

Im Realismus (1850–1890) wird nichts mehr beschönigt. Streit und Probleme werden in sogenannten Gesellschaftsromanen wie Theodor Fontanes „Effi Briest" behandelt.

Auch Vertreter des Naturalismus (1875–1900) versuchen, die Welt so wirklichkeitsnah wie möglich darzustellen. Gerhart Hauptmanns „Die Weber" ist ein bekanntes Beispiel dafür.

Seit 1900 befinden wir uns in der literarischen Moderne. Zu den bekanntesten deutschen Autoren zählen der Schriftsteller Thomas Mann („Buddenbrooks"), die Lyrikerin Nelly Sachs („Eli"), Heinrich Böll („Ansichten eines Clowns"), Günter Grass („Die Blechtrommel") und Herta Müller („Herztier"), die alle für ihreArbeit den Nobelpreis für Literatur bekommen haben.

WUSSTEST DU ...?

Daniel Defoe war ein englischer Schriftsteller in der Aufklärung. 1719 wurde er durch seinen Roman „Robinson Crusoe" weltberühmt. Das Vorbild für die Hauptfigur war ein amerikanischer Matrose, der vier Jahre lang auf einer Insel überlebt hatte. Doch erst der deutsche Schriftsteller Joachim Heinrich Campe machte aus dem Buch eine Geschichte für Heranwachsende, indem er 1779 alles umschrieb. Damit war „Robinson Crusoe" eines des ersten Jugendbücher überhaupt.

KLEINE HELDEN, GROSSE GESCHICHTEN

Hast du Lieblingsbücher? Wer ist dein Kinderbuchheld? Seit Jahrhunderten werden Kinderbücher in Deutschland veröffentlicht, doch am Anfang waren sie nicht unbedingt etwas für zarte Gemüter …

ES WAR EINMAL …

Die ersten gedruckten Bücher im 15. Jahrhundert waren vor allem religiöse Werke. Bis es Bücher gab, die auch für Kinder und Jugendliche geeignet oder sogar extra für sie geschrieben wurden, vergingen noch sehr viele Jahre. Ab dem 16. Jahrhundert, als mehr Leute lesen und schreiben gelernt hatten, hielt man die Geschichten, die mündlich von Generation zu Generation weitergegeben wurden, in Büchern fest. Oft waren dies erfundene Volksmärchen, die für junge Leser aber eher schaurig als schön waren.

MÄRCHENONKEL

Zu den ersten und bekanntesten deutschen „Kinderbuchautoren" gehören die Brüder Jacob und Wilhelm Grimm. In ihren Buch „Kinder- und Hausmärchen", das erstmals 1812 erschien, hatten sie die von ihnen gesammelten Märchen so umgeschrieben, dass sie Heranwachsenden nun besser zugemutet werden konnten. Trotzdem blieben Geschichten wie die vom „Rotkäppchen" und dem bösen Wolf ein wenig gruselig. Der Grund: Die Brüder wollten den jungen Lesern vor Augen führen, was gut und was böse ist. An der Geschichte vom „Sterntaler" kann man das gut erkennen: Das kleine Waisenmädchen verschenkt das Wenige, was es besitzt, an andere – sein Brot, seine Mütze und schließlich sein dünnes Kleid. Es tut Gutes und wird dafür belohnt, denn dann fallen die Sterne als Silbertaler vom Himmel.

… UND DIE MORAL VON DER GESCHICHT'

1844 verfasste der Arzt Heinrich Hoffmann für seinen Sohn Carl lehrreiche, aber auch drastische, Reimegeschichten über unartige Kinder. Er ergänzte sie mit Zeichnungen, nannte die Geschichtensammlung „Struwwelpeter" und hatte damit eines der ersten, sehr erfolgreichen Kinderbücher geschaffen. Ähnlich berühmt werden die zwanzig Jahre später erschienenen Bildergeschichten von „Max und Moritz". Sieben Streiche erlauben sich die Lausbuben, die der Dichter und Zeichner Wilhelm Busch erfunden hat. Am Ende werden sie jedoch mit dem Tod bestraft – es ging Busch also auch eigentlich darum, Kinder zu erziehen, und nicht darum, sie zu unterhalten.

Ganz andere Ziele hatten Christian Morgenstern und Joachim Ringelnatz. Die meisten ihrer Texte schrieben die beiden Autoren Anfang des 20. Jahrhunderts. Ihre Kindergedichte verfolgten keinen erzieherischen Zweck. Wenn überhaupt eine Absicht darin lag, dann die, den Kindern (und Erwachsenen) mit abwechslungsreicher Sprache, lustigen und manchmal auch nachdenklichen Reimen und Geschichten Vergnügen zu bereiten.

EINE RIESIGE VIELFALT

Heute gibt es massenhaft Bilderbücher, Romane, Comics und Sachbücher. Jedes Jahr erscheinen etwa 9000 neue Kinderbücher in Deutschland. Die Bücher der inzwischen verstorbenen Kinder- und Jugendbuchautoren Otfried Preußler, Michael Ende, James Krüss und Erich Kästner sind Klassiker. Cornelia Funke, Paul Maar, Andreas Steinhöfel und zahlreiche andere bekannte und auch noch nicht so bekannte Autoren lassen sich immer neue Geschichten einfallen. Fantasievoll, lustig und auch nachdenklich – Literatur für Kinder ist vielfältig und häufig kann man zwischen den Zeilen eine Botschaft lesen: Kinder sollen stark werden und sich gut fühlen.

Zu sehen sind Rotkäppchen und der Wolf, das Sams, das kleine Gespenst, Jim Knopf und Lukas, der Lokomotivführer, der Glücksdrache Fuchur, die Ameisen aus dem Gedicht von J. Ringelnatz, der Struwwelpeter.

KRASS, DIESE KUNST

Bilder – riesig oder winzig, Skulpturen aus Holz oder Stein oder Metall oder allem zusammen, Fotografien, schwarz-weiß, bunt oder verfremdet: Kunst hat viele Gesichter.

Zur „Bildenden Kunst" zählten ursprünglich nur Zeichnungen, Malerei, Kunsthandwerk, Bildhauerei und Architektur. Nimmt man Musik und Literatur noch hinzu, spricht man von den „Schönen Künsten". Heute enthält die Liste auch die Bereiche Fotografie, Grafik, Design und Installationen. Die Bezeichnung „bildend" meint eigentlich „gestaltend". Früher waren Kunstwerke vor allem Auftragsarbeiten, aber heute erfüllt Kunst meist keinen vorgegebenen Zweck. Anders gesagt, Kunst ist Freiheit. Wenn man ein Fahrrad oder einen Stuhl oder einen anderen Alltagsgegenstand auf ungewohnte Weise darstellt oder ihn so verändert, dass der ursprüngliche Zweck keine Rolle mehr spielt – dann ist auch das Kunst, wir nennen es Objektkunst.

MALEN STATT FOTOGRAFIEREN

Was machte man früher, in einer Zeit ohne Fotoapparate, wenn man ein Bild von etwas haben wollte? Man ließ einen Maler kommen oder, wer konnte, malte und zeichnete selbst. Malerei stand lange im Mittelpunkt der Bildenden Kunst. Sie ist die früheste und am weitesten verbreitete Kunstform. In Höhlen und auf Felsen hat man Bilder entdeckt, die wahrscheinlich vor etwa 40.000 Jahren entstanden sind. Sie zeigen religiöse Symbole, Szenen von der Jagd und vom Krieg – Alltag für unsere Vorfahren.

„KUNST KOMMT VON KÖNNEN"

Diese Aussage stammt von einem deutschen Dichter. Bei Schneidern, Goldschmieden, Töpfern, Architekten und vielen anderen Berufen gehört zum Handwerk die Kunstfertigkeit selbstverständlich dazu. Ob Häuser, Geschirr oder Möbel in ihrer Form schlicht bleiben oder kunstvoll verziert werden sollen, ist Geschmackssache. Der österreichische Komponist Arnold Schönberg fand jedoch, dass nicht die Bewertung eines Kunstwerks zähle, sondern der innere Drang, es zu schaffen – denn „Kunst kommt vom Müssen", so Schönberg.

Kölner Dom

KUNST IM LAUFE DER GESCHICHTE

Kunst ist eine Möglichkeit, sich auszudrücken – und Menschen machen das seit Tausenden von Jahren. Wie Kunstwerke aussehen, hat viel damit zu tun, in welcher Zeit sie entstanden sind. Wir gehen jetzt 500 Jahre in die Vergangenheit zurück und beschreiben die Merkmale von neun Epochen, die in Deutschland ihre Spuren hinterlassen haben:

Albrecht Dürer

Ein Stil, der sich eigentlich nur in der Architektur wirklich gut erkennen lässt, aber enorm viel Einfluss auf unser Kunstverständnis hat, ist die Gotik (Mitte des 12. bis 15. Jahrhundert). Merkmale der Gotik sind Spitzbögen und Rippengewölbe, wie sie etwa am Kölner Dom zu sehen sind. Weil die Menschen Gott so nah wie möglich kommen wollten, bauten sie hohe Kirchenschiffe.

Gotik-Spitzbögen

In der Renaissance (15. bis 16. Jahrhundert), was man in diesem Fall als Wiederbelebung (der Fertigkeiten aus der römischen und griechischen Antike) übersetzen könnte, war es den Künstlern wichtig, Menschen, Tiere und Dinge so naturgetreu abzubilden wie nur möglich. Ein Meister in dieser Kunst war der Nürnberger Mathematiker und Maler Albrecht Dürer.

Dresdner Frauenkirche

Im Barockzeitalter (etwa 1575 bis 1770) drehte sich alles um Glanz und Schnörkel und um die Darstellung starker Gefühle, was unter anderem mit dem 30-jährigen Krieg zu tun hatte, der weite Teile Deutschlands entvölkerte. Im krassen Gegensatz zu dem schrecklichen Krieg standen mit Blattgold und Marmor verzierte Paläste und prächtige Kirchen. In der Malerei und Bildhauerei stellten die gezeigten Szenen oft kirchliche Geschichten dar.

Einen schlichteren Stil verfolgte man im Klassizismus (etwa 1770 bis 1840). In der Architektur waren gerade Linien, rechte Winkel, Säulen, Rundbögen und die Farbe Weiß besonders beliebt. Ein Gemälde des hessischen Malers Johann Heinrich Wilhelm Tischbein aus dieser Zeit ist sehr bekannt: „Goethe in der Campagna" zeigt den berühmten Dichter Johann Wolfgang von Goethe in einer Landschaft sitzend, während er in die Ferne blickt.

Liebe, Sehnsucht, Fernweh und Natur waren den Künstlern in der Romantik (Ende des 18. bis weit ins 19. Jahrhundert) wichtig. Typisch sind Bilder wie „Der Wanderer über dem Nebelmeer" von Caspar David Friedrich. Als Symbol für jene Zeit steht eine blaue Blume.

Impressionisten (von 1850 bis 1900) nannten sich die Maler, die weniger auf die Form, dafür aber sehr auf das Zusammenspiel der Farben achteten. Es ging den Künstlern also nicht darum, das, was sie sahen, so genau wie möglich abzubilden. Dank Ölfarben in Tuben konnten sie auch endlich ohne großen Aufwand außerhalb ihrer Ateliers malen.

Expressionisten (Ende des 19. bis Anfang des 20. Jahrhunderts) wollten vor allem das festhalten, was sie selbst beim Betrachten von Situationen fühlten. Realität, also die Wirklichkeit, spielte kaum eine Rolle. Franz Marc und Wassily Kandinsky waren bekannte Expressionisten.

Träume waren für Surrealisten (seit 1920) eine wichtige Inspirationsquelle. Der bekannteste deutsche Surrealist, Max Ernst, hat die meiste Zeit in Frankreich an Collagen gearbeitet hat. Besonders berühmt ist auch ein Werk der Bildhauerin Meret Oppenheim: Ihre mit Pelz bezogene Kaffeetasse von 1936.

In der Zeit des Nationalsozialismus (1933–1945) galten abstrakte Kunst, also Kunst, die nicht wirkliche Formen und Dinge darstellte, und Werke von jüdischen Künstlern jedoch als „entartet", also „gestört".

Zur zeitgenössischen Kunst gehört alles, was gegenwärtig produziert wird. Dabei lösen sich die Gattungen auf: Sigmar Polke vermischte Malerei und Fotografie; Jonathan Meese fügt Gemälde, Skulpturen und Videos zusammen. Neu ist auch, dass die Kunst heute mehr denn je auf der Straße zu finden ist. Statt Leinwände nutzen Graffiti-Künstler Hauswände.

MUSEUM

Wer will, kann in Deutschland fast zwei Jahre lang jeden Tag ein anderes Kunstmuseum besuchen: Etwa 700 davon gibt es hier. Hinzu kommen viele von meist wohlhabenden Leuten angelegte Sammlungen, die öffentlich ausgestellt sind. Wer sich ein bisschen mit Kunst beschäftig, kommt wahrscheinlich zu der Erkenntnis: Was Kunst ist und was nicht, entscheidet jeder selbst.

VORGEFÜHRT

Ein bisschen flunkern, jemandem etwas vormachen, ohne dabei rot zu werden, das kann eigentlich jeder. Du auch, oder? Aber auf der Bühne stundenlang eine andere Person darzustellen, ist eine Kunst. Darstellende Kunst. Und harte Arbeit.

Über 360 Theaterbühnen gibt es in Deutschland. Zum Vergleich: In unserem Nachbarland Frankreich existieren nur knapp 200 Theater (und da sind Opern- und Konzerthäuser schon mitgezählt). Auf den Brettern, von denen der Dichter Friedrich Schiller sagte, dass sie die Welt bedeuteten, wird getanzt, musiziert oder Theater gespielt. Dann schlüpfen Schauspieler in ihre Rollen, tragen auswendig gelernte Texte vor und erzählen auf diese Weise Geschichten.

Und was, fragst du vielleicht, ist am Theater so spannend? Na ja, bevor es Fernsehen gab, ging man ins Theater, um sich unterhalten zu lassen. Heute ist Fernsehen bequemer? Vielleicht. Aber im Unterschied zum Fernsehen ist das Theaterpublikum direkt am Ort des Geschehens und sitzt nicht hinter einer Scheibe. Man ist nah dran, sieht Menschen beim Ausüben ihrer Kunst zu. Soll es lieber traditionelles Theater sein oder doch modern? Bei Ersterem steht die Geschichte im Vordergrund, bei Letzterem geht es vor allem um die Form der Darstellung.

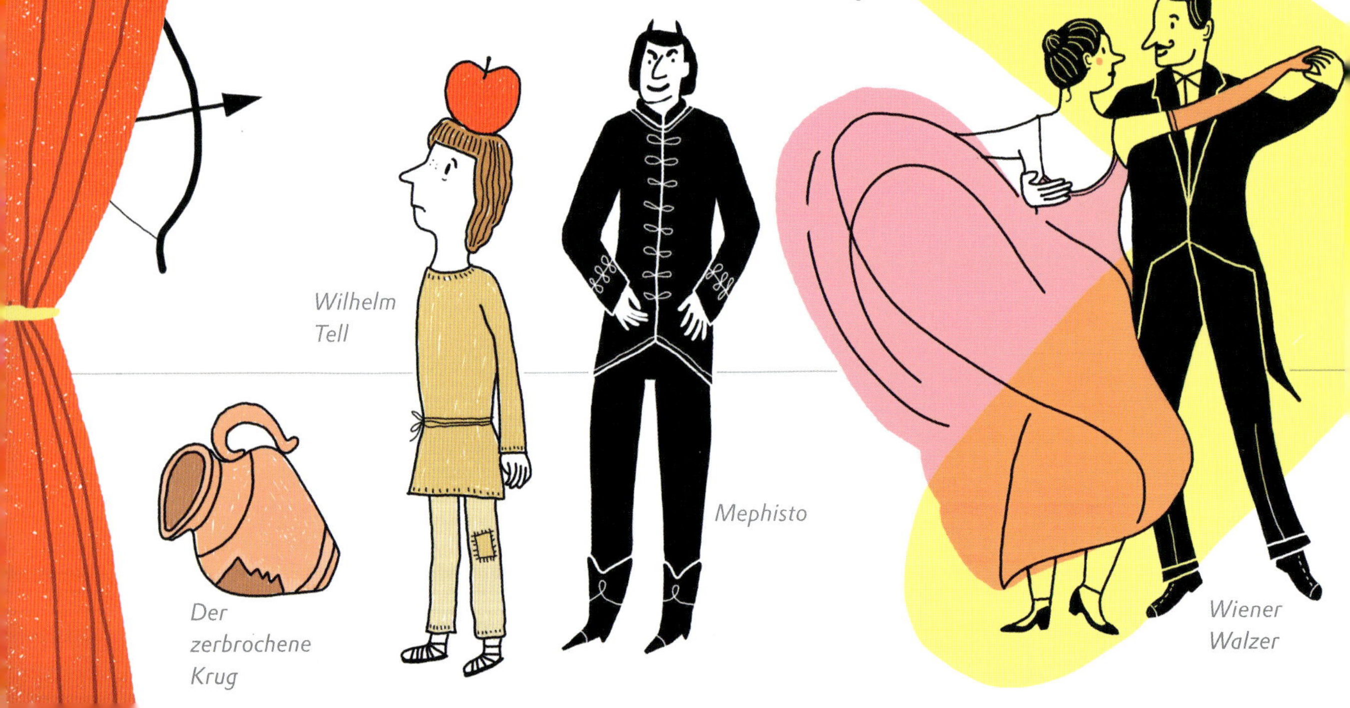

Durch Höhlenbilder wissen wir: Schon vor Jahrtausenden haben Steinzeitmenschen Jagdszenen nachgestellt oder sich durch Schauspiel auf die Jagd vorbereitet. In der griechischen Antike (800 v. Chr. bis 600 n. Chr.) nahm das Ganze dann die Form an, die wir als Theater kennen: Die Zuschauer befinden sich vor der Bühne, die Schauspieler stellen Charaktere einer Geschichte dar. Übrigens: Für Kinder und Jugendliche gibt es in Deutschland einige eigene Theater mit speziellem Programm. Wen die Schauspielerei nicht mehr loslässt, kann an 13 staatlichen Schauspielschulen im Land seinen Traumjob erlernen.

TANZEN

Wo Musik ist, ist Tanz nicht weit. Es gibt viele Gelegenheiten, das Tanzbein zu schwingen: zum Beispiel in Clubs, auf privaten Feiern, Volksfesten oder Bällen. Als typisch deutsche Tänze gelten der Wiener Walzer (der zeitweise im 18. Jahrhundert verboten war, weil sich die Tanzenden zu nahe kamen) und der Schuhplattler. Dieser Tanz, der wahrscheinlich in Bayern und Österreich entwickelt wurde, war ursprünglich ebenfalls für Paare gedacht. Heute stehen aber die Männer im Vordergrund. Sie hüpfen und stampfen und klopfen („platteln") sich dabei mit den Händen auf die Schenkel.

In Deutschland finden sich rund 1500 Musik- und Tanzensembles der verschiedensten Stile. Ensemble ist ein französisches Wort (von denen es in der Theatersprache sehr viele gibt) und bedeutet „zusammen". Gemeint sind damit alle Mitglieder einer Künstlergruppe.

Schuhplattler

ZUM BEISPIEL BALLETT

Seinen Ursprung hat der Balletttanz im 15. und 16. Jahrhundert in Italien und Frankreich und war bald darauf auch in Deutschland zu sehen. Beim Ballett, Italienisch für Tänzchen, bewegen sich kostümierte Tänzer anmutig zu meist klassischer Musik. Gestik, Mimik und Körperbewegungen – all das hat ein Choreograf sich für die Darbietung vorab genau überlegt.
Eine der weltweit berühmtesten Choreografinnen war Pina Bausch. Sie entwickelte in den 1970er-Jahren das Tanztheater – eine Verbindung aus Gesang, Schauspiel, Artistik und Pantomime, die es so zuvor nicht gegeben hatte.

ODER MODERN DANCE

Damit ist zeitgenössischer Tanz gemeint, der erstmals 1930 in Deutschland aufkam, aber erst in den 1970ern wiederentdeckt wurde. Hierbei ging es zunächst weniger um technische Perfektion. Die Tänzer sollten freier und ausdrucksvoller sein und ihren Zuschauern bestimmte Gefühle vermitteln. Eine Form des Modern Dance ist der in den 1970ern in den USA entstandene Breakdance. Dabei lassen sich die Tanzenden zu Boden fallen, drehen sich und springen passend zur Musik – etwa Hip-Hop – wieder auf. Dafür muss man ziemlich fit sein, denn das Ganze erinnert sehr an Akrobatik.

HOLLYWOOD KAM SPÄTER …

November 1895 im Berliner Varieté Wintergarten: Die 1500 Zuschauer trauen ihren Augen kaum. Sie sehen die ersten Filme ihres Lebens. Bewegte Bilder! Darunter ein sechs Sekunden kurzer Film von einem boxenden Känguru. Das insgesamt 15 Minuten dauernde Programm hatten die Brüder Max und Emil Skladanowsky für ihr Filmtheater – so hieß Kino früher – selbst gedreht. Damals waren die beiden berühmt. Doch von Max und Emil wissen heute nur wenige Menschen, weil ihre Filmerfindung derjenigen der französischen Brüder Lumière unterlag, die zeitgleich entstanden war.
Trotzdem: Das 1912 gegründete Filmstudio Babelsberg bei Berlin galt zeitweise als das größte Filmstudio der Welt. Dort wurden die ersten Stummfilme produziert, viele Arbeitsplätze geschaffen. Erst in den 1920ern wurde das amerikanische Hollywood zum international begehrten Filmzentrum.
Über ein Jahrhundert und eine Wiedervereinigung später sind deutsche Filmemacher wie Roland Emmerich, Fatih Akin oder Maren Ade mit ihren Werken nicht nur in Deutschland erfolgreich. Wie wichtig der Film für die deutsche Kultur ist, sieht man auch daran, dass die Bundesregierung „den deutschen Film" jährlich mit rund 340 Millionen Euro fördert. Gut angelegtes Geld, oder?

6

GESCHICHTE

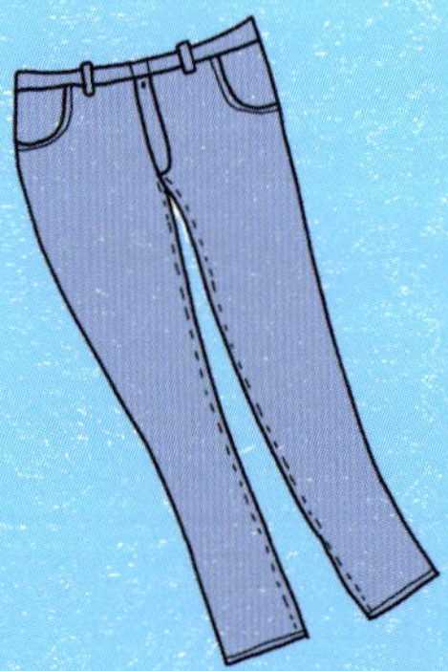

FREIHEIT
BUNDESREPUBLIK DEUTSCHLAND
NIVEA
Spreewälder
DEUTSCHE DEMOKRATISCHE REPUBLIK

KAISERREICH, ERSTER WELTKRIEG UND WEIMARER REPUBLIK

Die Jahre von 1871 bis 1933 waren bewegt: Erst gab es einen Kaiser, dann einen schlimmen Krieg und danach versuchten die Menschen endlich eine Demokratie aufzubauen. Aber würde sie lange halten?

Vor 100 Jahren hieß Deutschland noch „Deutsches Reich" und wurde nicht von einer Bundeskanzlerin oder einem Bundeskanzler regiert, sondern von einem Kaiser. Der hieß Wilhelm II. und hatte 1888 die Krone von seinem Vater geerbt. Die Leute waren es gewohnt, dem Kaiser zu gehorchen und ihm nicht zu widersprechen. Wilhelm hatte von Geburt an eine Behinderung an seinem Arm, seine Eltern schämten sich dafür und waren sehr streng zu ihm. Als er aufwuchs, wollte Wilhelm ständig beweisen, wie wichtig und stark er ist – und wurde zu einem ziemlichen Angeber.

Der Kaiser und seine Untertanen waren ganz verrückt nach Waffen und Soldaten. Je mehr ein Land davon besaß, desto mächtiger wirkte es auf die anderen Länder. Also ließ Wilhelm immerzu neue Kanonen und Gewehre kaufen. Irgendwann wurden die anderen Länder Europas misstrauisch: Sie befürchteten, dass Deutschland Streit anzetteln würde. Bald wollte jede Regierung zeigen, dass ihr Land stärker ist als alle anderen. Die Stimmung war so gereizt, dass alle nur noch auf einen Vorwand warteten, um einander zu bekämpfen.

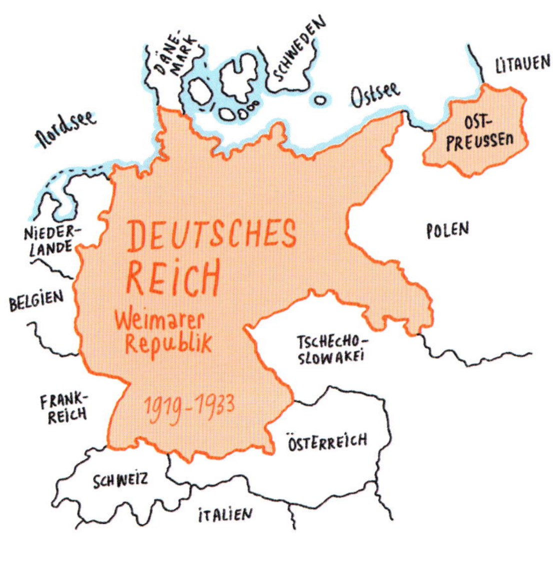

Im Sommer 1914 erschoss ein Attentäter im mit dem Deutschen Kaiserreich verbündeten Österreich-Ungarn den österreichischen Thronfolger Erzherzog Franz Ferdinand. Damit ging tatsächlich der große Krieg los, der später „Erster Weltkrieg" genannt wurde, weil viele Länder in ihn verwickelt waren. Österreich beschuldigte Serbien, hinter dem Attentat zu stecken, und erklärte den Krieg. Und da Wilhelm II. versprochen hatte, Österreich immer zu helfen, egal was passiert, machte Deutschland beim Krieg mit. Das Problem war aber: Das kleine Serbien war mit dem mächtigen Russland befreundet. Zu diesen beiden Gegnern Deutschlands kamen später noch Frankreich, Italien und Großbritannien dazu.

Als in Deutschlands Hauptstadt Berlin die Nachricht herumging, dass Krieg erklärt worden war, jubelten viele Leute sogar – sie freuten sich darauf, es den Feinden jetzt so richtig zu zeigen. Wilhelm versprach, dass das deutsche Reich so schnell den Krieg gewinnen würde, dass die Soldaten noch vor Weihnachten wieder zu Hause wären.

Aber er hatte sich getäuscht. Der Krieg wurde grausamer als alle davor: Noch nie hatten so viele Soldaten gegeneinander gekämpft. Neu erfundene Waffen wie Maschinengewehre, Giftgas, Kampfflieger und Bomben töteten schätzungsweise zehn Millionen Männer auf den Schlachtfeldern. Besonders in Frankreich starben sehr viele Soldaten. Wilhelms Gegner waren in der Überzahl – als im Jahr 1917 auch noch die USA in den Krieg eintraten, hatte Deutschland endgültig verloren. Nach vier Jahren gab die Armee auf. Ihren Kaiser jagten die Deutschen aus dem Land. Sie wollten einen Neuanfang.

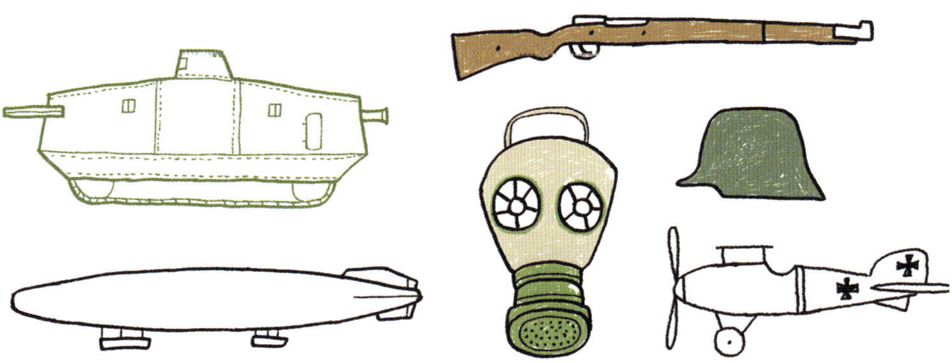

Nun entschieden Politiker zum ersten Mal auf deutschem Boden eine Demokratie auszuprobieren: Das bedeutete, dass alle Männer und Frauen ihre Regierung in freien Wahlen selbst bestimmen konnten. Das durften sie vorher nie. Das neu gewählte Parlament zog 1919 von Berlin nach Weimar in Thüringen, deshalb nennt man diese Zeit heute die „Weimarer Republik".

Obwohl es jetzt in Deutschland fairer zuging als je zuvor, fanden das nicht alle gut. Denn das Land musste sich danach richten, was die Sieger des Ersten Weltkriegs vorgaben, und ihnen viel Geld geben – als Entschädigung. Davon fühlten sich viele Deutsche gedemütigt, sie sahen nicht ein, dass sie zahlen mussten. Den meisten Menschen im Land ging es schlecht, viele waren arbeitslos und Lebensmittel waren teuer. Wie sollte es nun weitergehen?

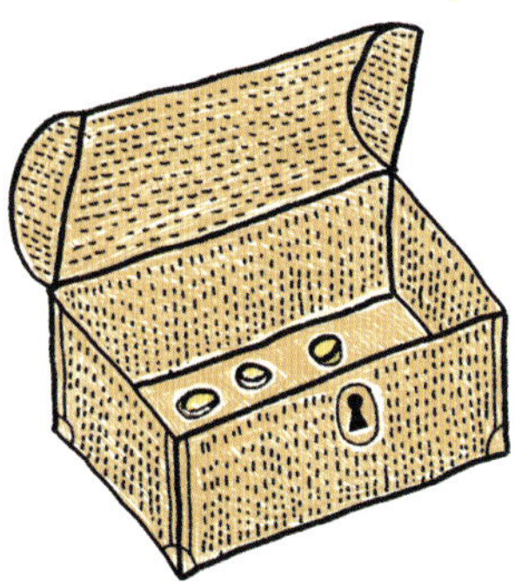

Eine Gruppe von Politikern wollte, dass es wieder so wurde wie früher und ein starker Mann alles bestimmte. Sie nannte man die „Rechten", weil diese Politiker im Parlament rechts saßen. Andere wollten, dass sich alles änderte: Jeder sollte gleich viel haben und alles sollte geteilt werden, damit keiner den anderen ausnutzte. Sie waren die „Linken", weil diese Politiker in der linken Ecke saßen. Die „Rechten" und die „Linken" hassten und bekämpften sich auf offener Straße. Auch die meisten anderen Politiker stritten so heftig, dass der Regierung kaum noch etwas gelang.

Viele Menschen dachten deswegen, dass Demokratie nicht funktioniert. 1929, knapp elf Jahre nach dem Ende des Krieges, kam eine weltweite Wirtschaftskrise dazu und alles wurde noch schlimmer. Das nutzten die „Rechten" geschickt aus: Sie erzählten den Menschen, dass nur ihr großer „Führer" Deutschland retten und mit allen Problemen aufräumen könne. Der Führer hieß Adolf Hitler. Hitlers Anhänger waren die Nationalsozialisten. 1933 übernahmen sie die Macht in Deutschland und Hitler wurde Regierungschef. Damit endete die „Weimarer Republik" nach nur 14 Jahren – und die schrecklichste Zeit der deutschen Geschichte brach an.

NATIONALSOZIALISMUS UND ZWEITER WELTKRIEG

Was nach 1933 in Deutschland, Europa und der Welt passierte, war so finster und grausam, dass wir es uns kaum vorstellen können. Hass und Unmenschlichkeit waren alltäglich. Könnte uns das heute wieder passieren?

Als Adolf Hitler 1933 an die Macht kam, steckte das Land in einer schweren Wirtschaftskrise. Millionen Menschen waren arbeitslos, viele mussten hungern. Hitler, der „Führer" der rechtsradikalen Nationalsozialisten (kurz: Nazis), versprach den Menschen Arbeit und Wohlstand.

Tatsächlich ließ er im ganzen Land Wohnungen, Straßen und Fabriken bauen und viele Leute konnten zum ersten Mal seit Langem wieder ihre Familie ernähren. Es ging ihnen besser und sie begannen Hitler blind zu vertrauen – er würde schon wissen, was richtig für das Land ist, dachten sie.

Die Abgeordneten im Parlament stimmten mit großer Mehrheit dafür, Hitler und seiner Regierung die ganze Macht zu überlassen. Nun konnte er die Gesetze ändern, wie er wollte – und wie ein Diktator regieren. Hitler ließ die anderen Parteien verbieten. Jeder, der sich ihm widersetzte, wurde verprügelt, eingesperrt oder sogar ermordet. Hitler und seine Anhänger verachteten alle, die ihnen fremd waren: politische Gegner, aber auch behinderte, psychisch kranke und homosexuelle Menschen. Die Nazis verbrannten auf der Straße haufenweise Bücher von Schriftstellern, die anderer Meinung waren als sie. Zeitungen und Radiosender durften nur das berichten, was die Nazis wollten. So konnten sie den Leuten das Blaue vom Himmel versprechen – die Wahrheit erfuhren die Menschen nicht.

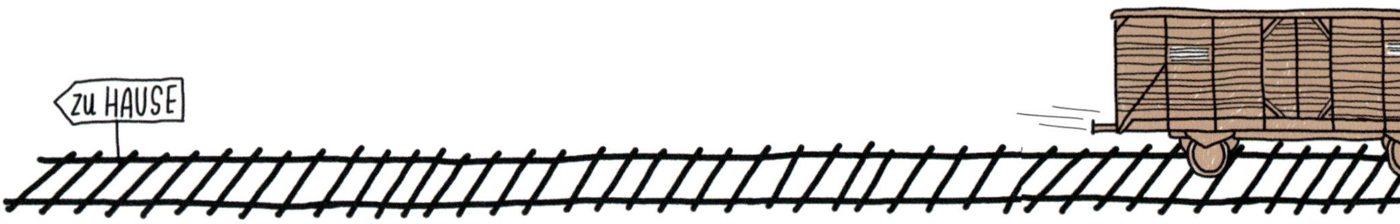

Insgeheim nämlich plante der größenwahnsinnige Hitler den nächsten Krieg: Er träumte davon, die ganze Welt zu beherrschen. Die Nazis behaupteten, die Deutschen seien „Herrenmenschen", sogenannte „Arier" – und allen anderen Völkern überlegen.

Am meisten hasste Hitler Menschen jüdischen Glaubens. Er redete den Leuten ein, dass Juden eine eigene, minderwertige Rasse wären und den Deutschen nur schaden wollten. Das waren Lügen, doch jedem „arischen" Kind wurden diese Lügen der Nazis in der Jugendorganisation, der Hitlerjugend, so vermittelt, als seien sie wahr. Viele Menschen glaubten irgendwann daran – und sahen weg, als ihre jüdischen Nachbarn, Freunde, Kollegen oder Mitschüler schikaniert wurden.

Bald mussten Juden gelbe Filzsterne als Erkennungszeichen auf der Kleidung tragen. Sie durften nicht mehr ins Schwimmbad gehen, nicht mehr Straßenbahn fahren und in den meisten Berufen nicht mehr arbeiten.
Jüdische Kinder wurden in eigene Schulen gesteckt. 1938 zerstörten Nazis im ganzen Land jüdische Gotteshäuser und Geschäfte – und niemand wurde für diese Taten bestraft. Kaum jemand traute sich damals, gegen dieses Unrecht aufzustehen. Viele deutsche Juden verließen aus Angst ihre Heimat und kehrten nie zurück. Doch viele andere unterschätzten die drohende Gefahr.

Im September 1939 überfiel Hitlers Armee Polen und löste damit den Zweiten Weltkrieg aus. Danach marschierte sie in fast ganz Europa ein. In den ersten drei Jahren sah es so aus, als könnte niemand Hitler aufhalten.

In dieser Zeit zwangen die Nazis alle jüdischen Menschen in enge, elende Wohngebiete, sogenannte Ghettos. Von dort brachten sie sie nach und nach mit Güterzügen in riesige Lager – um die meisten von ihnen dort in Gaskammern zu ermorden. Das größte dieser Konzentrationslager (KZ) hieß Auschwitz und lag im besetzten Polen. In den KZs brachten die Nazis insgesamt sechs Millionen jüdische Männer, Frauen und Kinder um.

Im Winter 1943 kam für Hitlers Armee die Wende: In der Sowjetunion, dem heutigen Russland, wurden die deutschen Soldaten vernichtend geschlagen. Danach rückten ihre Gegner aus den USA, Großbritannien, Frankreich und der Sowjetunion immer näher auf Deutschland zu. Städte wie Dresden und Köln wurden durch Bombenangriffe fast völlig zerstört. Inzwischen glaubten viele Deutsche Hitlers Durchhalteparolen nicht mehr. Doch in den letzten Monaten des Krieges schickte der Diktator sogar Kinder, Jugendliche und Rentner in den Kampf. Als Hitler schließlich erkannte, dass er verloren hatte, brachte er sich in seinem Berliner Bunker um.

Am 8. Mai 1945 gaben die Nazis auf – und der größte Krieg, den es bis heute gegeben hat, war vorbei. Etwa 65 Millionen Menschen waren gestorben, auch Deutschland war nach dem Wahnsinn der Nazis völlig zerstört. Es sah so aus, als würde es lange dauern, bis alles wieder aufgebaut sein wurde.

DER ZWEITE WELTKRIEG – EIN ZEITZEUGE ERZÄHLT

Ich heiße Manfred Türke, komme aus Berlin und wurde 1928 geboren. Als Adolf Hitler an die Macht kam, war ich noch ein kleiner Junge. Mein Vater arbeitete als Kohlenhändler, wie viele andere war unsere Familie recht arm. Von Hitler hielten meine Eltern nichts: Sie waren in der Kirche aktiv und fanden, dass alle Menschen die gleichen Rechte haben und man jeden respektieren sollte. Das passte nicht zu den Nazis und ihrem Hass gegen alle, die anders waren als sie.

Als ich zehn Jahre alt war, durfte ich auf die Mittelschule, die damalige Realschule, wechseln. Die eine Schule kostete zehn Mark pro Monat, was damals zu viel Geld für meine Eltern war. Die andere, ein paar Straßen weiter, war kostenlos. Der Direktor sagte meinem Papa: „Wir können Ihren Sohn aufnehmen. Aber nur, wenn er beim ‚Jungvolk' mitmacht." Das war die Kinderorganisation der Nazis. Meinem Papa gefiel das gar nicht, aber er meldete mich an.

Beim Jungvolk und später bei der Hitlerjugend haben uns die Nazis geschickt den Kopf verdreht. Sie wussten genau, was Kindern Spaß macht. Wir waren auf Zeltlagern und haben zusammen im Wald herumgetobt. Ich fand schnell Freunde, wir bekamen alle die gleichen Klamotten: Schwarze Hose, braunes Hemd und Käppi, das fanden wir damals schick. Die Nazis brachten uns ihre Lieder bei, dann marschierten wir in unseren Uniformen durch die Straßen und sangen laut vor uns hin. In den Texten ging es oft darum, dass man Adolf Hitler bis in den Tod treu sein und für ihn kämpfen muss – aber das haben wir gar nicht kapiert.

Die Nazis erzählten uns immer wieder, dass Juden böse seien. Heute weiß ich, dass das alles gelogen war, als Kind habe ich es geglaubt. Mein Papa hatte einen Kunden, er hieß Herr Bielek. Er war sehr nett zu uns. Eines Tages habe ich gesehen, dass er einen gelben Filzstern an seinem Mantel trug. „Das ist ein Judenstern", sagte mein Papa zu mir. Irgendwann war Herr Bielek einfach weg. Ich habe ihn nie wiedergesehen. Ich kann mir nicht vorstellen, dass er überlebt hat.

Was die Nazis mit Menschen wie Herrn Bielek machten, versuchten sie zu verheimlichen. Unseren Urlaub haben wir damals jedes Jahr bei Bekannten in einem Dorf bei Berlin gemacht. In der Nähe war ein Konzentrationslager, in dem die Nazis Juden, Homosexuelle und Kommunisten einsperrten und später umbrachten. Auf dem Weg in das Dorf haben wir immer wieder Häftlinge auf den Feldern und den Straßen gesehen, sie mussten draußen arbeiten. Mein Papa hat gesagt, das sind einfach nur Gefangene, weiter nichts. Hätte er uns die Wahrheit von den Lagern erzählt, hätten wir Kinder das bestimmt ausgeplappert. Und dann hätten meine Eltern richtig Ärger bekommen.

Während ich auf die Mittelschule ging, kam der Krieg immer näher. Im Winter 1944 hatten wir keine Kohle mehr, um das Klassenzimmer zu heizen. Viele Lehrer wurden als Soldaten zur Armee geschickt. Wir bekamen keinen normalen Unterricht, oft gab es Bombenalarm und wir liefen aus dem Schulhaus. Als ich 15 Jahre alt war, musste ich dann selbst in den Krieg – die Schule war endgültig vorbei. Der Abschied von meiner Mama war schrecklich, sie hatte solche Angst um mich. Aber sie konnte gegen den Befehl nichts machen: Ich sollte als Luftwaffenhelfer in Berlin kämpfen.

Als ich kurz darauf in meiner neuen Uniform durch meine Heimatstadt lief, habe ich sie kaum wiedererkannt: Durch die Bombenangriffe der amerikanischen und britischen Flugzeuge waren viele Häuser zertrümmert. Die Menschen mussten sich in Bunkern unter der Erde verstecken. Einmal hat eine ganze Straße lichterloh gebrannt. Aber es war niemand mehr da, der das Feuer löschen konnte. Die sowjetische Armee stand mit ihren Panzern schon kurz vor Berlin. Aber wir Hitlerjungen waren so verblendet, dass wir immer noch geglaubt haben: Deutschland gewinnt diesen Krieg.

Wenn wir mit irgendwelchen aufgelesenen Pistolen durch die zerstörte Stadt liefen, fanden wir das aufregend – wir wollten den Helden spielen, aber wir hatten keine Ahnung. Manche der anderen Jungs hatten nicht so viel Glück wie ich: Ein paar wurden von einem Scharfschützen erschossen, als sie aus unserem Versteck auf die Straße liefen. Ein anderes Mal sah ich, wie vier junge Soldaten in einem Panzer getroffen wurden. Sie waren kaum älter als ich – und alle sofort tot.

Das alles kam mir irgendwann aussichtslos vor. Knapp eine Woche vor dem Kriegsende hauten ein Freund und ich aus Berlin ab. Als wir uns in einem Wäldchen ausruhten, wurden wir von sowjetischen Soldaten erwischt. Nach einem tagelangen Marsch kamen wir in ein Kriegsgefangenenlager. Erst dort haben mir andere deutsche Soldaten erzählt, welche schrecklichen Verbrechen die Nazis begangen haben. Dass sie Millionen von Menschen in Konzentrationslagern umgebracht hatten, war so unfassbar, dass ich es zuerst gar nicht glauben konnte. Als Gefangener hatte ich wieder Glück: Nach ein paar Monaten durfte ich nach Hause zu meinen Eltern. Mein Freund aber musste in ein anderes Lager in Russland. Er wurde erst neun Jahre später freigelassen.

Wäre mein Sohn oder mein Enkel heute in meiner damaligen Lage, würde ich ihm sagen: Nimm auf keinen Fall ein Gewehr in die Hand! Lass dich nicht von denen verführen! Die, die diese Kriege anzetteln, nutzen alle nur aus. Später habe ich geheiratet und bin Vater geworden. Mit meiner Frau habe ich nicht oft über das gesprochen, was unter den Nazis geschehen ist. Sie sagte dann: „Es ist vorbei, lass uns endlich damit abschließen!" Aber ich fand das nicht richtig. Ich habe meine Geschichte aufgeschrieben, damit meine Kinder, Enkel und Urenkel erfahren, wie es damals gewesen ist. Solche furchtbaren Verbrechen dürfen wir nie wieder zulassen.

Manfred Türke stammt aus Ostberlin. Nach dem Zweiten Weltkrieg lebte er in der Deutschen Demokratischen Republik, bis Deutschland 1990 wiedervereinigt wurde. Er studierte Elektrotechnik und arbeitete fast sein ganzes Berufsleben lang bei der Bahn. Gemeinsam mit seiner Frau hat er zwei Kinder, vier Enkel und zwei Urenkel.

DAS GETEILTE DEUTSCHLAND

Nachdem der Zweite Weltkrieg endlich vorbei war, mussten ein Weg gefunden werden, das Land wieder bewohnbar zu machen. Wie sollte ein neues Deutschland aussehen?

DAS GETEILTE DEUTSCHLAND

Im Mai 1945 war der Zweite Weltkrieg zu Ende und Deutschland hatte ihn verloren. Die Sieger USA, Frankreich, Großbritannien und die Sowjetunion (heute Russland) teilten das Land in vier Zonen auf: Die Amerikaner, Briten und Franzosen kontrollierten den Westen Deutschlands, die Sowjets den Osten. Auch die ehemalige Hauptstadt Berlin wurde in vier sogenannte Sektoren geteilt.

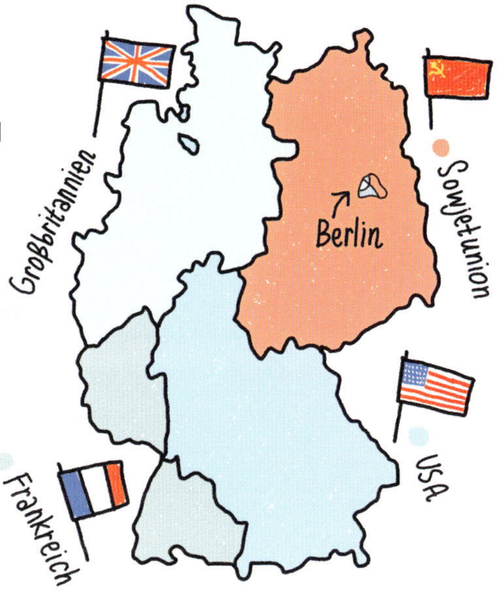

Jetzt, nachdem das nationalsozialistische Deutschland besiegt worden war, zeigte sich, wie unterschiedlich die Verbündeten waren. Die drei westlichen Mächte zerstritten sich bald mit der Sowjetunion, weil sie ganz andere Vorstellungen davon hatten, wie man einen Staat organisiert. Vier Jahre nach dem Ende des Krieges teilten sie das Land endgültig: 1949 gründeten die Menschen im Westen die Bundesrepublik Deutschland (BRD), die Menschen im Osten die Deutsche Demokratische Republik (DDR). Die USA wurden zum wichtigsten Partner der Bundesrepublik, die Sowjetunion schützte die DDR. Diese beiden Großmächte wurden schon kurz nach dem Krieg zu Feinden, weil jeder der stärkste Staat der Welt sein wollte. Die Auseinandersetzung zwischen West und Ost sollte bis 1990 dauern, man nannte sie den „Kalten Krieg". Auch die beiden deutschen Länder wurden zu Gegnern.

BRD

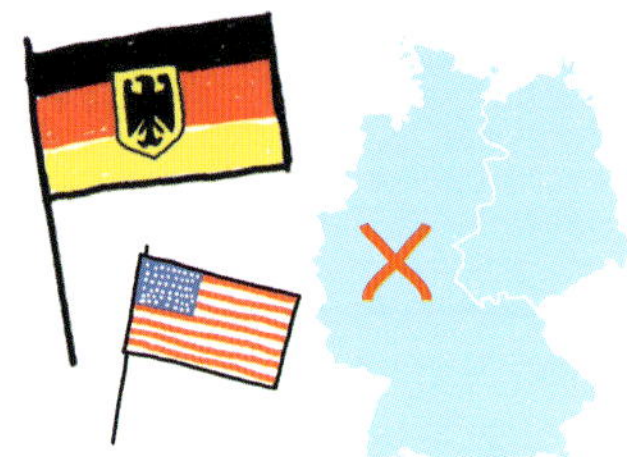

WIE KAM ES ZUM „KALTEN KRIEG“?

In der Bundesrepublik entstand ein demokratischer Staat, das heißt, die Menschen dort durften ihre Regierung frei wählen. Bonn in Nordrhein-Westfalen wurde die neue Hauptstadt. Die USA halfen dem jungen Land, die kaputte Wirtschaft aufzubauen. 1948 führten die Westmächte eine neue Währung ein, die Deutsche Mark (D-Mark). Dadurch ging es vielen Westdeutschen bald wieder besser.

Im Osten dagegen verlangte die Sowjetunion von der DDR, Entschädigung für den Krieg zu zahlen. Dadurch entwickelte sich die Wirtschaft langsamer. Wie auch in der Sowjetunion, wurde in der DDR der Sozialismus eingeführt. Im Sozialismus sollte jeder gleich viel besitzen, damit keiner den anderen ausnutzen konnte. Dem Staat gehörten fast alle Fabriken und landwirtschaftlichen Betriebe. Er rechnete aus und bestimmte dann, wie viele Waren in den nächsten Jahren hergestellt werden durften und wie viel sie kosten sollten. Dafür garantierte er jedem einen Arbeitsplatz. Diese „Planwirtschaft“ klingt fair, aber sie funktionierte nur schlecht: Weil die Pläne der Regierung so starr waren, konnte die Wirtschaft nur langsam auf Veränderungen reagieren. Falls die Bürger doch mehr brauchten als erwartet, ging die Rechnung nicht mehr auf – in den Läden gab es oft nicht genug zu kaufen. Für vieles standen die Menschen lange Schlange. Auf ein neues Auto zum Beispiel musste man zehn Jahre warten. Die Leute hatten zwar sichere Jobs, aber verdienten nur wenig. Auch wer sich mächtig anstrengte, wurde kaum besser bezahlt.

Was aber noch wichtiger war: Obwohl die DDR sich demokratisch nannte, war sie eine Diktatur. Es regierte nur eine einzige Partei und weil die Herrschenden an der Macht bleiben wollten, wurden sogar die Wahlergebnisse von der Regierung gefälscht.

Wirtschaftswachstum

große Auswahl

DDR

Planwirtschaft

keine Auswahl

EINGESPERRT IM EIGENEN LAND

Viele wollten in so einem Land nicht leben: In den zwölf Jahren von 1949 bis 1961 flohen 2,7 Millionen Menschen aus der DDR in den Westen. Die ostdeutschen Politiker bekamen Angst und schotteten ihr Land ab. In Berlin bauten sie 1961 eine Mauer mitten durch die Stadt. Sie verlief direkt vor dem Brandenburger Tor, dort, wo heute die deutsche Fußball-Nationalmannschaft ihre Titel feiert. Im Rest des Landes wurden Stacheldraht und Wachtürme aufgestellt. Wer zu fliehen versuchte, wurde von Soldaten verhaftet oder sogar erschossen. Hunderte Menschen starben an dieser deutsch-deutschen Grenze.

Die DDR-Bürger waren nun in ihrem eigenen Land eingesperrt – Verwandte und Freunde im Westen durften sie nicht mehr besuchen. Sie konnten nur in wenigen, ebenfalls sozialistischen Staaten Urlaub machen – wenn die Machthaber es ihnen erlaubten. Aber auch innerhalb des Landes waren die Menschen nicht frei: Die Regierung mischte sich in alles ein. Sie bestimmte, wer welches Fach studierte, welche Musik man hören, welche Bücher man lesen durfte. Und sie kontrollierte, was in den Zeitungen geschrieben und im Fernsehen gesendet wurde. Wer sich darüber beschwerte, wurde bestraft: Aufmüpfige Schüler konnten in Erziehungsheime gesteckt werden, Erwachsene ins Gefängnis. Der Geheimdienst, genannt „Staatssicherheitsdienst", hörte Telefone ab und öffnete Briefe. Er ließ Leute, die mit dem System nicht zufrieden waren, durch Spione überwachen.

Viele fanden erst nach dem Ende der DDR heraus, dass sie von der eigenen Frau, vom Vater oder von dem besten Freund bespitzelt worden waren.

DIE DDR IST PLEITE

In den 1980er-Jahren bekam die DDR immer größere Probleme: Die Planwirtschaft war endgültig k.o., ständig musste sich die Regierung Geld von anderen Ländern leihen, um über die Runden zu kommen. Viele Wohnungen und Häuser waren inzwischen total heruntergekommen, die Fabriken bliesen jede Menge Dreck in die Luft und machten die Umwelt kaputt. Die Machthaber erzählten den Leuten noch immer, in was für einem tollen Land sie lebten und wie gut doch alles funktionieren würde – aber viele Menschen hatten längst erkannt, dass das nicht stimmte. Auch der Sowjetunion ging es schlecht, unter anderem, weil der „Kalte Krieg" gegen die USA so viel Geld kostete: Beide Supermächte gaben ein Vermögen für Waffen aus, um sich gegenseitig in Schach zu halten. Die reichere USA konnte sich das eher leisten.

1985 kam in der Sowjetunion ein neuer Staatschef an die Macht. Er hieß Michail Gorbatschow und sagte, dass es so nicht weitergehen könne. Gorbatschow lockerte die strengen Regeln, damit die Menschen nicht mehr so unzufrieden waren. Die Zeitungen zum Beispiel durften wieder berichten, was sie wollten – ohne dass die Regierung es ihnen vorschrieb. Und die Leute konnten nun zum ersten Mal in der Sowjetunion offen ihre Meinung sagen – ohne dass sie Angst haben mussten, dafür eingesperrt zu werden. Die DDR aber blieb bei ihrer harten Politik. Da hatten die Ostdeutschen endgültig genug: Hunderttausende gingen 1989 in Städten wie Leipzig auf die Straßen und demonstrierten jeden Montag für mehr Freiheit. Diese Montagsdemonstrationen zogen auch in anderen Ländern viel Aufmerksamkeit auf sich.

Gleichzeitig verließen viele das Land mit einem Trick: Man durfte damals von der DDR nach Ungarn fahren, weil das Land zu den Freunden der Sowjetunion gehörte. Von dort kam man aber mittlerweile ziemlich einfach ins benachbarte Österreich, also ins demokratische Westeuropa. Über diese Route flüchteten 1989 Zehntausende DDR-Bürger.

NICHT AUFZUHALTEN

Die Staatsführung der DDR geriet mächtig unter Druck: Die Demonstranten und die westdeutsche Regierung forderten, dass die Menschen endlich frei reisen dürfen. Jetzt, wo die DDR schwach war wie nie zuvor, erkannten der westdeutsche Bundeskanzler Helmut Kohl und sein Außenminister Hans-Dietrich Genscher eine einmalige Chance: dass aus zwei deutschen Staaten endlich wieder ein Land werden könnte. Ohne die Zustimmung der mächtigen USA und der Sowjetunion aber konnten sie das nicht entscheiden. Sie versprachen den amerikanischen und den sowjetischen Politikern deshalb, dass von einem vereinten Deutschland nun keine Gefahr mehr ausgehen würde – anders als früher im Zweiten Weltkrieg.

Am 9. November 1989 war es dann tatsächlich so weit: Die Grenzen wurden geöffnet – das war der Anfang vom Ende der DDR. Kilometerlang stauten sich die Autos Richtung Westen, Menschen tanzten auf der Berliner Mauer. Viele weinten vor Glück. Mit der DDR war es vorbei – die Regierung musste zurücktreten. Der Staatschef Erich Honecker reiste nach Südamerika, er kam nie wieder zurück. 1990 wurde die DDR mit der Bundesrepublik vereinigt. Auch der „Kalte Krieg" ging zu Ende: Die USA und die Sowjetunion vertrugen sich allmählich wieder.

DEUTSCHLAND NACH DER WENDE

1989 kommt die nächste große Veränderung. Für viele Menschen bleibt nichts, wie es war. Aber auch heute noch verändern sich Gesellschaften, Menschen und die Länder, in denen sie leben. Ist denn irgendein Land jemals „fertig"?

Nachdem die Berliner Mauer 1989 gefallen war, schlossen sich die Bundesrepublik und die DDR wieder zu einem Deutschland zusammen. Die meisten waren sehr froh darüber – aber niemand hatte Erfahrung damit, wie man zwei so unterschiedliche Länder verbindet. Im Sommer 1990 wurde Deutschland in Italien Fußball-Weltmeister – da jubelten die Deutschen schon zusammen. Vor der ersten gemeinsamen Wahl ein paar Monate später versprachen Politiker den Ostdeutschen, dass in ihrer Heimat jetzt alles super werden würde, aber schnell wurde klar, dass es schwierig und teuer werden wird, die fünf sogenannten „neuen Bundesländer" mit den elf „alten" zusammenzubringen. Die meisten Politiker hatten die Aufgabe unterschätzt.

Westen: Bananen, Gummibärchen, Playmobil-Figur, englische Popmusik, Nivea-Creme, Jeans, Adidas-Schuhe;
Osten: Sandmännchen, Club-Cola, Spreewald-Gurken, Nussknacker, Trabbi, Ampelmännchen

ZUSAMMENWACHSEN IST NICHT LEICHT

In der DDR hatten fast alle Unternehmen dem Staat gehört, aber nach der Wiedervereinigung gab es diesen Staat nicht mehr. Deshalb übernahm die Bundesrepublik die Firmen. Jetzt galt auch in Ostdeutschland die Marktwirtschaft, plötzlich mussten sich die früheren DDR-Betriebe gegen Unternehmen aus der ganzen Welt behaupten. Die meisten schafften das nicht. Die Bundesregierung verkaufte die Firmen, meist für wenig Geld, weil fast alle völlig veraltet waren. Die Käufer waren häufig ehemalige Konkurrenten aus dem Westen.

Meist schlossen sie die Betriebe, denn so würden mehr Aufträge und Kunden für sie übrig bleiben, rechneten sie sich aus. Viele Ostdeutsche verloren deshalb ihre Arbeit und fühlten sich unfair behandelt. In der DDR hatte sich der Staat um alles gekümmert – jetzt fiel es den Menschen schwer, sich ihr Leben im neuen Land selbst aufzubauen. Andererseits waren sie auch froh über die große Freiheit, die sie dazugewonnen hatten: Sie durften nun reisen, wohin sie wollten, oder eine Firma gründen. Ihre Kinder konnten selbst entscheiden, was sie später mal werden wollten. Für Westdeutsche war das ganz selbstverständlich, sie kannten es ja nicht anders. Manche beklagten sich, wie viel Geld der Aufbau der ostdeutschen Bundesländer kostete. Mit diesem Geld wurden die heruntergekommenen und kaputten Straßen, Plätze, Häuser und Kirchen im Osten wiederhergerichtet. Heute sind Städte wie Leipzig, Dresden oder Erfurt so schön wie seit vielen Jahrzehnten nicht. Nach so vielen Jahren in zwei Ländern waren sich die Deutschen fremd geworden – sie mussten sich erst kennenlernen. Deshalb dauerte das Zusammenwachsen auch in den Köpfen und Herzen der Leute länger als erwartet – im Grunde bis heute.

Der Wiederaufbau der Dresdner Frauenkirche dauerte 12 Jahre.

DEUTSCHLANDS ROLLE IN EUROPA

In Europa wurde das vereinigte Deutschland schnell zu einem der wichtigsten Partner – es war jetzt so groß und mächtig, wie seit dem Zweiten Weltkrieg nicht mehr.

Den Deutschen war es wichtig zu zeigen, dass ihre Nachbarn keine Angst mehr vor ihnen haben mussten: 1993 gründete die Bundesrepublik zusammen mit elf anderen Staaten die Europäische Union, genannt EU. Die Mitglieder einigten sich auf eine gemeinsame Wirtschaftspolitik, um leichter miteinander handeln zu können. Das sollte auch den Frieden sichern: Wer gemeinsam Geschäfte macht, der kämpft nicht gegeneinander – und ist ein Freund, auf den man sich verlassen kann. Nach den vielen schrecklichen Kriegen, die es früher in Europa gegeben hatte, fanden alle, dass das eine tolle Idee war. Als Zeichen der Gemeinsamkeit wurden auch die Grenzkontrollen abgeschafft: Seitdem muss ein EU-Bürger seinen Pass an der Grenze meist nicht mehr zeigen.

1999 wurde Berlin wieder zur deutschen Hauptstadt. Drei Jahre später begann für die EU-Staaten die Arbeit an einer schwierigen Aufgabe: Sie führten eine gemeinsame Währung ein, den Euro. In 19 der inzwischen 28 EU-Länder kann man heute mit dem Euro bezahlen, die alten Währungen wurden abgeschafft – auch die Deutsche Mark, genannt D-Mark. Mit dem Euro würde Europa noch besser zusammenwachsen, hatten sich die Politiker überlegt. Mitmachen dürfen beim Euro eigentlich nur wirtschaftlich starke Länder, damit die anderen nicht für deren Schulden einspringen müssen. Ab 2008 aber bekam die EU das erste Mal Probleme mit dem Geld: Eine weltweite Wirtschaftskrise brach aus. Dadurch ging es ärmeren Euro-Ländern wie Griechenland sehr schlecht. Sie hatten sich nicht auf schwierigere Zeiten vorbereitet und viel zu viel Geld verpulvert – aber verraten hatten sie das den anderen nicht. Jetzt waren sie so pleite, dass ihnen die reicheren Länder immer wieder aushelfen mussten – besonders Deutschland. Im Gegenzug muss die griechische Regierung sehr stark sparen, zum Beispiel bei den Renten alter Menschen. Viele Griechen leben deshalb inzwischen in Armut. Beide Seiten können sich nicht verstehen und sind zerstritten.

Die Münzen aus den EU-Ländern kommen viel herum. Findest du welche aus anderen Ländern in deinem Portemonnaie?

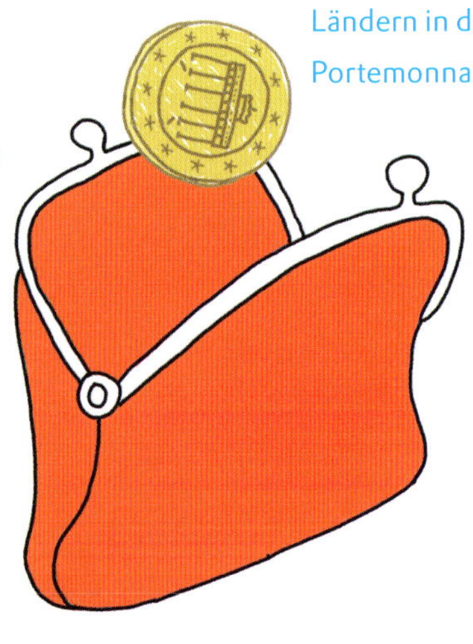

STREIT IN DER EU-FAMILIE

Dass Europa zusammenhält, ist eben keine Selbstverständlichkeit. Immer wieder gibt es Ärger in Brüssel. In der belgischen Hauptstadt arbeitet das Parlament der EU. Manche Länder fühlen sich von den EU-Politikern gegängelt, sie wollen lieber wieder alles selbst entscheiden, ohne auf die anderen Mitglieder Rücksicht nehmen zu müssen.

2016 tat Großbritannien etwas, mit dem vorher kaum einer gerechnet hatte: Die Regierung beschloss den Austritt aus der EU. In einer Volksabstimmung hatte die Mehrheit der Briten so entschieden. „Brexit" wurde das Ganze genannt, zusammengesetzt aus den englischen Wörtern „Britain" (Großbritannien) und „Exit" (Austritt"). Deutschland und die anderen Partner waren geschockt – dass ein Mitglied die EU-Familie verlässt, hatte es noch nie gegeben.

LETZTE HOFFNUNG DEUTSCHLAND

Aber das ist nicht das einzige Problem, das die EU-Länder gemeinsam lösen müssen: Immer wieder streiten sie sich darum, wie sie mit den vielen Flüchtlingen umgehen sollen, die nach Europa kommen. Der deutschen Wirtschaft geht es gut, das Land ist eines der reichsten der Welt und noch dazu leben wir hier in Frieden – das ist in der ganzen Welt bekannt.

Schon seit mehr als 50 Jahren ziehen deshalb Menschen aus ärmeren Staaten nach Deutschland. Viele kamen zum Beispiel aus der Türkei, Griechenland oder Polen, sie wollen hier arbeiten, sich ein Leben aufbauen und Kinder aufziehen.
In den letzten Jahren aber ist noch eine andere Gruppe dazugekommen: Menschen, die vor Krieg, Hunger und Unterdrückung fliehen.

Wie geht es weiter in Deutschland und in Europa? Wie werden die Menschen zusammenleben? Wir alle haben Einfluss darauf, denn jeder von uns kann die Zukunft mitgestalten.

Was ist ein Ministerpräsident?

Der Chef eines Bundeslandes

Seit wann gibt es Gummibärchen?

Seit etwa 100 Jahren

Was bedeutet „Hartpuckern“?

„Herzklopfen“ auf Plattdeutsch

Wo wird am meisten Tee getrunken?

In Ostfriesland

Wie viele Kinder kommen jeden Tag in Deutschland auf die Welt?

Etwa 2160

Wer war Johannes Gutenberg?

Der Erfinder des Buchdrucks

Was ist ein Trabbi?

Ein Trabant – eine Automarke aus der DDR

Was ist eine Hallig?

Eine kleine Insel in der Nordsee

Wo wurde der Gartenzwerg erfunden?

In Thüringen

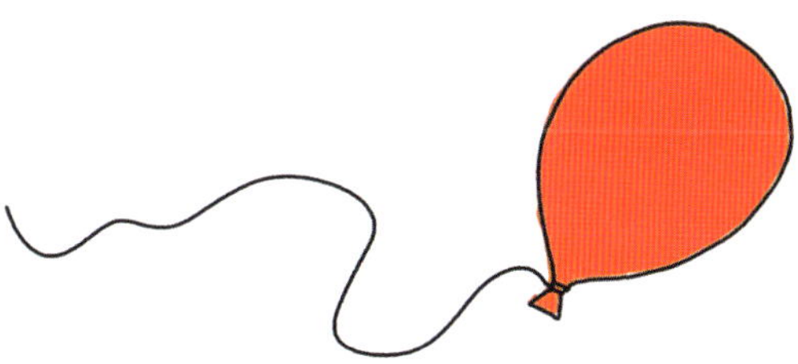

Warum sind 99 Luftballons bekannt?

So heißt ein Lied der Sängerin Nena.

Wo liegt das größte Vulkangebiet in Deutschland?

Im Vogelsberg, einem Mittelgebirge in Hessen

Wo fiel die Elefantendame Tuffi aus der Schwebebahn?

In Wuppertal

Welche Kinderbuchfigur hat Wunschpunkte?

Das Sams

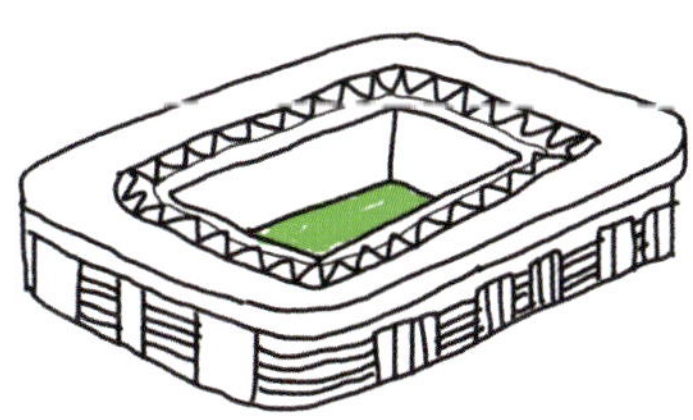

Wie viele Fans passen in das größte Fußballstadion Deutschlands?

81.360 Fans